Martin Schultze

Handbuch der persischen Sprache

Chrestomathie

Martin Schultze

Handbuch der persischen Sprache
Chrestomathie

ISBN/EAN: 9783744632577

Hergestellt in Europa, USA, Kanada, Australien, Japan

Cover: Foto ©Andreas Hilbeck / pixelio.de

Weitere Bücher finden Sie auf **www.hansebooks.com**

Handbuch

der

persischen Sprache.

Grammatik, Chrestomathie, Glossar.

Zur Erleichterung und allgemeineren Verbreitung des Studiums der persischen Sprache, mit Umgehung des Gebrauchs arabischer Schriftzeichen.

Von

Dr. Martin Schultze.

Elbing, 1863.

Verlag der Neumann-Hartmann'schen Buchhandlung.

Vorwort.

Was den Zweck dieses Buches und den Leserkreis, für den es bestimmt ist, anlangt, so erlaube ich mir zu bemerken, dass zum Verständniss desselben durchaus keine speciellen Vorkenntnisse erforderlich sind, und dass es jedem Gebildeten, der, ohne tiefere orientalistische Studien gemacht zu haben oder machen zu wollen, ein Interesse daran findet, in kurzer Zeit und mit Umgehung alles Ueberflüssigen sich einen Einblick in das Wesen der persischen Sprache und Literatur zu verschaffen, zum wissenschaftlichen Leitfaden dienen kann.

Zu den überflüssigen Dingen, deren mühsame Erlernung wohl einem Jeden erspart werden könnte, der nicht gerade die Entzifferung orientalischer Handschriften zu seinem Berufe machen will, gehört nach meinem Dafürhalten besonders die arabische Schrift, deren sich gewisse orientalische Völker bedienen, obgleich ihre Sprachen (einzelne geradezu aufgenommene arabische Wörter und Phrasen abgerechnet) weit entfernt sind, irgend welche etymologische Verwandtschaft mit dem Arabischen zu haben.

Es ist eine Beobachtung, die sich wohl einem Jeden aufdrängt, der sich mit dem Türkischen, Persischen oder Hindustanischen beschäftigt, dass gerade die arabische Schrift sehr ungeschickt ist, die Laute und Wortformen dieser Sprachen einigermassen getreu wiederzugeben. Besonders die türkischen Dialecte mit ihrem reichen Vocalismus verlieren, mit arabischer Schrift geschrieben, in der die kurzen Vocale gar nicht, und von den langen nur drei ausgedrückt zu werden pflegen, viel von ihrem eigentlichen Character. Dazu kommt, dass die Erlernung der verschiedenen arabischen Schriftarten, deren sich die Muhammedaner bei verschiedenen Gelegenheiten bedienen, nicht nur den Abendländern, sondern auch den Orientalen selbst viel Mühe macht. Dies scheint mir sogar ein Grund mehr dafür zu sein, dass sich unter den Muhammedanern viel weniger Leute finden, die des Schreibens und Lesens kundig sind, als unter den Christen des Orients. Während es z. B. unter den türkischen Geschäftsleuten wenige giebt, die im Stande wären, in ihrer Muttersprache zu correspondiren, wird es den Armeniern leicht, ihre Bücher in türkischer Sprache zu führen, weil sie sich dazu der armenischen Schrift bedienen, in der die türkischen Laute sich mit Leichtigkeit und Genauigkeit darstellen lassen.

Man könnte nun zwar hiergegen einwenden, dass die Armenier eben Christen sind und Schulen haben, während die Türken häufig ohne Unterricht aufwachsen; ich erlaube mir daher, noch einen zweiten Beleg beizubringen. Die muhammedanischen Beys (Grundherren) in Albanien sprechen in der Regel drei Sprachen, nämlich albanesisch, türkisch und griechisch. Davon wird das Albanesische gar nicht geschrieben, das Türkische können wenige schreiben: die meisten schreiben und lesen griechisch, obgleich sie griechische Schulen nicht besuchen*). Sogar im schriftlichen Verkehr mit fremden Consuln etc. bedienen sich türkische Beamte, die des Griechischen kundig sind, gern dieser Sprache, nicht, weil das Türkische an diplomatischen Ausdrücken weniger reich wäre, sondern zunächst weil das Griechische sich ungleich leichter schreibt und liest.

Die Idee, bei gewissen orientalischen Sprachen sich der lateinischen Schrift zu bedienen, ist durchaus nicht neu, doch hat man in wissenschaftlichen Werken bisher nur bei einzelnen Wörtern die lateinische Transscription angewandt. Erst neuer-

---

*) Von einigen derselben, mit denen ich während meines Aufenthaltes in Epirus bekannt zu werden Gelegenheit hatte, kann ich dies bestimmt behaupten.

dings ist in Indien der Versuch gemacht worden, ganze hindustanische Bücher in lateinischer Schrift zu drucken.

Das System, dessen ich mich in diesem Werkchen zur Umschreibung des Persischen bediene, soll nicht einen Anspruch auf absolute Vollkommenheit machen, sondern soll zunächst nur die Möglichkeit und die Vortheile der Transscription zusammenhängender Stücke im Allgemeinen darthun. Bei Aufstellung desselben ist der Grundsatz befolgt worden, jeden (lautbaren) arabisch-persischen Buchstaben durch ein einziges lateinisches Schriftzeichen auszudrücken. Dass dabei nicht die Laute allein berücksichtigt werden konnten, welche die verschiedenen Buchstaben im Deutschen haben, ist selbstverständlich. Für einige Laute mussten, zur Vermeidung willkürlicher Formen, die in andern Sprachen üblichen Bezeichnungen herangezogen werden; und zwar ist *dschîm* durch das englische *j*, *tschîm* durch das italienische *c* (vor *e* und *i*), *khâ (châ)* durch das spanische (gothische) *x*, das der Form und dem Laute nach dem griechischen χ entspricht, *zhâ* und *schîn* durch die böhmischen Buchstaben *ž* und *š* ausgedrückt. Solche Buchstaben des arabischen Alphabets, welche im Persischen mit andern ganz oder fast gleich lauten, sind durch Punkte von den eigentlich persischen unterschieden: *ṣâ, ḥâ, ẓâl, ṣad, żad, ṭâ, ẓâ, ġayn, ḳâf.*

Von den quiescirenden Buchstaben ist *alif, vâv* und *yâ* durch Accentuirung der Vocale *â, û* und *î (alif breve = à), hâ (he)* jedoch gar nicht ausgedrückt, weil dasselbe keine Veränderung der Aussprache und Quantität des Vocals, in dem es ruht, bewirkt. Zur Bezeichnung des *'ayn* wurde der Spiritus asper (ʻ) verwandt. *Alif mobile* ist (durch einen Acut) nur in den Fällen ausgedrückt, wo es sich im Deutschen nicht von selbst versteht, besonders wo es die Quantität vorhergehender Sylben verändert, z. B. in *Ḳur'ân,* Koran, *ta'rîx,* Chronik*). Dasselbe gilt vom *Hamz,* welches das *alif mobile* vertritt, sowie von den mit *Hamz* versehenen *vâv* und *yâ.* Der Acut (´) ist deshalb zur Umschreibung jener Zeichen gewählt, weil der Spiritus lenis (ʼ), den man wohl sonst dafür anwendet, mit

---

*) jedenfalls nur in arabischen Wörtern.

dem Apostroph leicht verwechselt werden kann, der (häufig besonders in persischen Gedichten) einen ausgelassenen Vocal, sowie im Arabischen das *Vaṣl*, bezeichnen muss.

Was die Schreibart einzelner Wörter betrifft, so habe ich kurze, tonlose Sylben oft, der Grammatik des *Mîrzâ Muḥammad Ibrâhîm* folgend, mit *i* vocalisirt. Nur bei gewissen Wörtern, wie *padar* (Vater), *pusar* (Knabe), *barâdar* (Bruder), habe ich die gewöhnliche Schreibart beibehalten, während der eben erwähnte Perser schreibt: *pidar*, *pisar*, *birâdar*; in arabischen Wörtern bin ich der gewöhnlichen Vocalisation (nach Freytag) gefolgt. Die Dativ-Partikel schreibe ich, um nicht unnöthig den Leser zu verwirren, stets *bi*; aus demselben Grunde schreibe ich *âyî*, du kommst (nicht *âî*), analog der ersten Person *âyam*. Verschiedenheiten der Schreibart hinsichtlich der Consonanten sind angemerkt, z. B. bei *asp (asb)*, Pferd.

Die meisten zusammengesetzten Wörter sind getrennt geschrieben (*mîz-bân*, Wirth; *jân-var*, lebendig); nur solche, deren einzelne Theile im Laufe der Zeit der Form nach corrumpirt oder dem Sinne nach dunkel geworden, sind zusammengezogen (*imšab*, heute Nacht).

Der erste Theil des Werkchens enthält einen Abriss der Grammatik, und zwar ist mit dem Verbum begonnen, einmal weil es der wichtigste Redetheil ist, da es allein einen ganzen Gedanken ausdrücken kann, und zweitens, weil Nomen und Partikeln sich so nahe aneinander anschliessen, dass ihre Abhandlung durch die des Verbums nicht zerrissen werden darf. Hieran schliesst sich noch der practische Grund, dass es schwer ist, Regeln über Nomina durch Beispiele zu erläutern, ohne die Kenntniss der Verben vorauszusetzen. Von den Partikeln sind im grammatischen Theile nur wenige aufgeführt, weil ihre Aufzählung in's Lexicon gehört.

Was die Anordnung der Chrestomathie betrifft, so eröffnen dieselbe einige prosaische Lesestücke aus neuester (No. 1 und 2) und älterer Zeit (No. 3). Dann folgen Stücke verschiedener Dichter, und zwar der Zeit nach geordnet, in der dieselben gelebt haben, doch so, dass mit den spätesten angefangen. Ich habe mir dabei erlaubt, weniger interessante oder schwierigere Stellen hier und da auszulassen, zumal da ich nicht einmal die Garantie für die Richtigkeit derselben immer hätte übernehmen können. Etwas Neues habe ich durchaus nicht gegeben, sondern die einzelnen Proben theils aus Spiegels und Wilkens Chrestomathien, theils aus der oben erwähnten (von Fleischer deutsch edirten) Grammatik des *Mîrzâ Muḥammad Ibrâhîm* und aus v. Rosenzweigs Ausgabe von *Jâmî*'s *Yûsuf u Zalîxâ* genommen.

Da mir weder Handschriften, noch andere grössere Hülfsmittel zu Gebote standen, so kann ich nicht entscheiden, ob die aufgenommenen Lesarten immer die besten sind. In einigen Fällen, wo sich Verstösse gegen das Metrum oder Dunkelheiten des Sinnes durch geringe Veränderungen wegschaffen liessen, habe ich mir erlaubt, dieselben (besonders in den aus Wilkens Chrestomathie aufgenommenen Stellen) anzubringen.

In dem arabischen Spruche, No. 10 Anm. 7, sind die vocalischen Ausgänge (Casusendungen u. dgl.) unberücksichtigt geblieben, weil sie für das Persische keine Bedeutung haben und selbst von den heutigen Arabern gewöhnlich nicht ausgesprochen werden. Betreffs der Interpunction ist zu bemerken, dass der grösseren Deutlichkeit wegen in den Fällen, wo die Conjunction *ki*, dass, zur Anführung der directen Rede dient, ein Kolon (:) hinter dieselbe gesetzt worden ist.

Die beigegebenen Anmerkungen haben bei den ersten Lesestücken besonders den Zweck, unter Hinweisung auf die Paragraphen der Grammatik, die Anwendung einzelner dort gegebener Regeln zu zeigen, sowie (in den Versen aus dem *Bahâristân*) auf Eigenheiten der persischen Prosodie und Metrik aufmerksam zu machen. In den späteren (poetischen) Proben beschränken sie sich mehr auf Erklärung des Sinnes und Erläuterung orientalischer Sitten und Sagen.

Das Glossar ist, wie das Werkchen überhaupt, sehr kurz gehalten und giebt nur die nothwendigsten Bedeutungen. Mit einigen in den oben genannten Werken gegebenen Worterklärungen bin ich nicht ganz einverstanden. Das Wort *żarbat* z. B. (S. 65 Z. 1) übersetzt Spiegel durch: percussio, ictus, was in jener Stelle keinen Sinn giebt, obwohl es der Grundbedeutung des Verbs *żaraba* entsprechen würde. Freytags Lexicon arabicum erklärt dasselbe durch: mel album crassumque;

ich glaube, dass verdickter Zuckersaft damit gemeint sei, den wir ja selbst mit einem arabischen Worte desselben Stammes (Syrup = *żurûb*, pl. fr. v. *żarb*) bezeichnen.

Schliesslich ersuche ich um Nachsicht für etwaige Versehen in der Vocalisation und Erklärung gewisser Wörter, sowie für unbemerkt gebliebene Druckfehler.

Elbing, im December 1862.

Der Verfasser.

Inhalt.

Grammatik.

Einleitung.

§. 1. Alphabet . . . . pag. 3
„ 2. Kurze Vocale 3
„ 3. Lange Vocale 4
„ 4. Diphthonge 5
„ 5. Consonanten 5
„ 6. Arabische Buchstaben 6
„ 7. Reihenfolge der Buchstaben 7
„ 8. Zahlzeichen 8
„ 9. Lesezeichen 8

I. Verbum.

§. 10. Verbal-Stämme 9
„ 11. Infinitiv-Stämme auf *íd* und *ád* 9
„ 12. Inf.-St. auf *úd* 10
„ 13. Inf.-St. auf blosses *d* und *t* 10
„ 14. Inf.-St. auf *st* und *ist* 11
„ 15. Inf.-St. auf *śt* 11
„ 16. Inf.-St. auf *ft* 12
„ 17. Inf.-St. auf *xt* 12
„ 18. Unregelmässige Bildungen 13
„ 19. Personalflexion 14
„ 20. Ableitungen vom Imperativ-Stamme 16

§. 21. Ableitungen vom Infinitiv-Stamme . . . . pag. 17
„ 22. Hülfspartikeln *bi* und *mî* 17
„ 23. Hülfsverben *am* und *hastam* 18
„ 24. Hülfsverb *bûdan* 19
„ 25. Hülfsverben *xvâstan* und *tuvânistan* 20
„ 26. Hülfsverb *śudan* 20
„ 27. Unpersönliche Verben 21
„ 28. Abgeleitete Verben 21
„ 29. Mit Partikeln zusammengesetzte Verben . . . 22
„ 30. Mit Nominibus zusammengesetzte Verben . . . 22

II. Nomen.

§. 31. Geschlecht 23
„ 32. Numerus 23
„ 33. Casus 25
„ 34. Artikel 26
„ 35. Von Verben abgeleitete Substantive 26
„ 36. Von Nominibus abgeleitete Substantive 27
„ 37. Diminutive 28
„ 38. Adjectiv 29
„ 39. Abgeleitete Adjective 29
„ 40. Zusammengesetzte Adjective 30
„ 41. Adjectiv und Substantiv 31
„ 42. Personal-Pronomen 31
„ 43. Pronominal-Suffixe 32
„ 44. Reflexiv-Pronomen 33
„ 45. Demonstrativ-Pronomen 33
„ 46. Relativ-Pronomen 34
„ 47. Interrogativ-Pronomen 35
„ 48. Cardinal-Zahlen 35
„ 49. Ordinal-Zahlen 37

III. Partikeln.

§. 50. Adverbien 38
„ 51. Zusammengesetzte adverbiale Ausdrücke . . . 39
„ 52. Praepositionen 39
„ 53. Conjunctionen 40
„ 54. Interjectionen 41

Anhang A.

§. 55. Quantität der Sylben . . . . pag. 42
„ 56. Metrik 43

Anhang B.

§. 57. Zeitrechnung 45

Chrestomathie.

Aus *Mîrzâ Muhammad Ibrâhîm*'s Grammatik.

No. 1. Pferdehandel (Gespräch) 49
„ 2. Die Ziege des *Axfaš* 54

Aus *A'sam Kûfî*'s Annalen.

No. 3. *Yazdjard*'s, des letzten *Sâsâniden*, Tod . . . 56

Aus *Jâmî*'s *Bahâristân.*

No. 4. Das Kameel und der Dornbusch 59
„ 5. Das Kameel und der Esel 60
„ 6. Anecdote 61
„ 7. Anecdote 61
„ 8. Schwank 64
„ 9. Schwank 64

Aus *Jâmî*'s *Yûsuf u Zalîxâ.*

No. 10. *Zalîxâ*'s Traum 65
„ 11. *Yûsuf*'s Befreiung aus dem Brunnen 69
„ 12. *Yûsuf*'s Erhebung 72

Aus *Hâfiz*'s *Dîvân.*

No. 13. *Ġazal* 76
„ 14. *Ġazal* 77

Aus *Xâkânî*'s *Dîvân.*

No. 15. *Ġazal* 78
„ 16. *Ġazal* 79
„ 17. a. *Rubâ'î* 80
„ 17. b. *Rubâ'î* 80

Aus *Nizâmî*'s *Iskandar-nâma.*

No. 18. Der Quell des Lebens im Lande der Finsterniss pag. 81

Aus *Firdavsî*'s *Šâh-nâma.*

No. 19. Klage über den Tod des Sohnes 85
„ 20. *Rustam*'s Kampf mit dem Drachen 87
„ 21. Alexanders Begegnung mit Darius 91

Glossar.

Grammatik.

Einleitung.

§. 1.

Alphabet.

Die arabisch-persische Schrift lässt sich durch folgende Buchstaben des lateinischen Alphabets ausdrücken:

a = a, ä (e).
b = b.
c = tsch.
d = d.
f = f.
g = g (im Vordermunde).
ġ = g (in „Sage“).
h, *ḥ* = h (in „Holz“).
i = i.
j = dsch.
k = k (im Vordermunde).
ḳ = k (am Gaumen).
l = l.
m = m.
n = n.
p = p.
r = r (lingual).
s, *ṣ*, *s̤* = sz, ss (in „Strasse“).
ś = sch.
t, *ṭ* = t.
u = u (o).
v = w.
x = ch (in „Acht“).
y = j (deutsch).
z, *ẓ*, *z̤*, *ż* = s (in „Wiese“).
ž = j (französisch).

§. 2.

Kurze Vocale.

Vocale werden, wie im Arabischen, durch die Schrift nur drei ausgedrückt, nämlich *a*, *i*, *u*, die Grundlaute sowohl der arischen, wie der semitischen Sprachen. Alle drei sind kurz, können jedoch in der Poesie, besonders wenn sie als Auslaute oder als besondere Wörtchen (*i* und *u*) auftreten, auch willkürlich lang gebraucht werden.

A hat in den meisten Fällen den Laut des englischen *a* in *bad*, auch wohl des deutschen *e* in *Recht*. Nur wenn rauhe Buchstaben, besonders arabischen Ursprungs (z. B. *ġ*, *ḥ*, *ḳ*, *ṣ*, *x*), vorhergehen oder folgen, lautet es wie ein deutsches (italienisches) *a*; so in *ṣad*, hundert, *xar*, Esel, *vaḳt*, Zeit. Es giebt, im Persischen so gut wie im Arabischen, bestimmte Regeln, nach denen man das *a* heller oder dunkler aussprechen soll, doch scheint es, als wenn die Perser selbst sich nicht streng danach richten. Man hört oft von gebildeten Persern das *a* wie unser deutsches *a* aussprechen, wo man *ä* erwartet hätte, während auch Fehler (wenn man so will) der entgegengesetzten Art nicht zu den Seltenheiten gehören. Mit einiger Sicherheit lässt sich nur sagen, dass das *a* in den Verbal-Endungen, besonders in denen des Infinitivs (*dan*, *tan*) und der Participien (*da*, *ta*; *anda*) stets wie *ä* (*e*) lautet.

I entspricht dem deutschen kurzen *i*, sowie *u* dem kurzen *u*, doch neigt sich das erstere gern, besonders vor und nach rauhen Consonanten, dem *e*, das letztere dem kurzen *o* zu.

§. 3.

Lange Vocale.

Alle drei Vocale werden durch einen darüber gesetzten Circumflex lang (*â*, *î*, *û*) und lauten dann in Iran wie die entsprechenden langen deutschen Vocale *a* (*aa* in *Waare*), *i* (*ie* in *kriechen*), *u* (*uh* in *Uhr*). In Indien unterscheidet man jedoch noch ein *yâ i ma'rûf* (bekanntes, deutliches *î*), das wie reines langes *i* lautet, von einem *yâ i majhûl* (unbekanntes, unreines *î*), das den Laut eines langen *e* (*ee* in *Seele*) hat. Ebenso unterscheiden die Inder ein *vâv i ma'rûf* (reines *û*) von einem *vâv i majhûl* (unreines *û*), welches letztere sie wie langes *o* aussprechen.

Obgleich nun die indische Aussprache dieser sogenannten unreinen Laute die berechtigtere zu sein scheint, so habe ich sie doch unberücksichtigt gelassen, weil sie den Persern selbst unbekannt ist und weil auch die arabisch-persische Schrift kein Zeichen hat, um das unreine *î* und *û* von dem reinen zu unterscheiden. Ich bemerke nur noch, dass durch die indische Aussprache allerdings manche Zweideutigkeiten vermieden werden können. So lautet z. B.

	šîr,	Löwe,	bei den Indern	*scheer,*
aber	*šîr,*	Milch,	„	*schier;*
	rîš,	Wunde,	„	*reesch,*
aber	*rîš,*	Bart,	„	*riesch.*

§. 4.

Diphthonge.

Eigentliche Diphthonge giebt es im Persischen zwei, nämlich *av* und *ay,* die, wenn nicht ein anderer Vocal folgt, wie *au* u. *ei* lauten; doch hört man dieselben mundartlich bisweilen wie *ev* und *ey (ej)* aussprechen, auch wenn ein Consonant folgt. Den Diphthongen nahe stehen *ây* und *ûy,* wo sie in eigentlich persischen Wörtern eine Sylbe schliessen. Sie lauten wie lang *â* und *û* mit nachklingendem kurzem *i.* Zwei Vocale, die zufällig auf einander folgen, bilden keinen Diphthong, sondern werden einzeln ausgesprochen, mögen sie lang oder kurz sein, z. B. *âîn,* Sitte, spr. *â-în*; *câuš,* Corporal, spr. *tschâ-usch.*

In einigen arabischen Wörtern, deren im Laufe der Zeit nicht wenige in die persische Sprache übergegangen sind, kommt *à* vor. Dies Zeichen unterscheidet sich jedoch nur graphisch von *â;* und zwar drückt es ein *a* aus, dem eigentlich ein wurzelhaftes *y* folgen sollte, wie in *ma'nà,* Bedeutung.

§. 5.

Consonanten.

Von den Consonanten sind die mit Punkten versehenen arabischen Ursprungs und finden sich auch weniger in persischen, als vielmehr in solchen Wörtern, die aus dem Arabischen herüber genommen sind. In eigentlich persischen

Wörtern kommt jedoch von ihnen ziemlich häufig vor *ġ* und *ẓ*; seltener *ḳ*, *ṣ* und *ṭ*; niemals *ẑ*, *ḥ*, *ṡ* und *ẓ*. Den Persern ganz eigenthümlich sind die Buchstaben *c*, *g*, *p* und *ž*; die übrigen sind Persern und Arabern gemeinschaftlich.

Von den momentanen Consonanten werden *p*, *b*, *t*, *d* wie in allen Sprachen, *k* und *g* etwas weicher und mehr im Vordermunde als die entsprechenden deutschen Buchstaben (fast wie *ki* und *gi*) ausgesprochen. Die zusammengesetzten Laute *c* (tsch) und *j* (dsch) entsprechen dem italienischen *c* vor *i* und *e*, und dem englischen *j*. Die Aspiraten *f* und *x* (ch) lauten wie das deutsche *f* und das griechische χ (vor dunkeln Vocalen). Die Liquiden *l*, *r*, *m*, *n* sind dieselben wie in andern Sprachen. Von den Zischlauten *s*, *z*, *š*, *ž* entspricht *s* dem französischen *ç*, *z* dem französischen und englischen *z*, *š* dem deutschen *sch* und *ž* dem französischen *j*. Die Halbvocale *v*, *y* und die Spirans *h* entsprechen den deutschen Lauten *w*, *j* und *h* (im Anfange der Wörter).

Persische und arabische Wörter können nicht mit mehr als einem Consonanten anlauten. Fremde, mit mehreren Consonanten beginnende Wörter werden deshalb so verändert, dass entweder nach dem ersten Consonanten ein Vocal (*i*, *u* oder *a*) eingeschoben oder dem ganzen Worte ein solcher vorgesetzt wird, z. B. *iḳlîm* oder *ḳilîm*, Klima. Die einzige Ausnahme hiervon bildet der Doppellaut *xv*, der häufig am Anfange der Wörter vorkommt. Hier ist jedoch das *v* nur ein graphisches, auf eine ältere Form deutendes, Zeichen. Es lautet daher *xvâstan*, wollen, wie *châsten (khâsten)*, *xvaš*, gut, wie *chasch*, *khasch*, *xvîš*, selbst, wie *chîsch (khîsch)*. Zu bemerken ist hierbei noch, dass die Verbindung *xva* im gewöhnlichen Leben wie *chû*, provinciell wie *chô*, lautet, z. B. *xvaš* = *chûsch* oder *chôsch*.

§. 6.

Arabische Buchstaben.

Die punktirten Consonanten haben im Arabischen fast durchgehends einen anderen, meist rauheren, Laut als im Persischen. Bei den Persern lautet *ḳ* und *ġ* wie *k* und *g*, nur etwas mehr am Gaumen und ohne nachklingendes *i* gesprochen, das letztere auch ein wenig aspirirt. *Ṭ* ist gleich dem persischen *t*; *ż* soll wie *z* (sanftes *s*) lauten, wird jedoch mundartlich auch wie *d* gesprochen, da es im Arabischen einen zwischen beiden liegenden Laut hat. *Ṣ* und *ṡ* lauten wie *s* (*ç*); *ẓ* und *ẓ* wie das persische *z*, mit welchem *ẓ* auch häufig verwechselt wird. *Ḥ* endlich ist bei den Arabern ein starkes gutturales *h*, wird jedoch bei den Persern kaum vom letzteren unterschieden.

Es bleibt noch übrig, von zwei Zeichen zu reden, die in arabischen Wörtern vorkommen und mit zu den Consonanten gezählt werden. Das eine derselben (ʻ), bei den Arabern *ʻayn* genannt, hat eigentlich den Laut eines schwachen Gutturals, wird jedoch von den Persern nicht weiter ausgesprochen; es behält aber gewöhnlich die Kraft der arabischen Gutturale, einen vorhergehenden oder folgenden Vocal etwas dunkler (*a* wie deutsches *a*) klingen zu lassen. Das andere (ʼ), *alif* genannt, ist der schwächste Guttural und entspricht dem griechischen Spiritus lenis. Es wird jedoch (da es sich am Anfange jedes mit einem Vocal anlautenden Wortes in lateinischer Schrift von selbst versteht) nur in der Mitte arabischer Wörter geschrieben, theils mit, theils sogar ohne folgenden Vocal, in welchem letzteren Falle es im Persischen gar nicht gehört wird. Als Beispiel diene das Wort *Ḳurʼân*, Koran, das dem eben Gesagten zufolge nicht *Ḳu-rân*, sondern *Ḳur-ân* abzutheilen und demgemäss auszusprechen ist. Steht es nach einem Vocal, so bewirkt es im Persischen einfache Verlängerung desselben, z. B. *taʼrîx*, Chronik = *târîx*.

§. 7.

Reihenfolge der Buchstaben.

Die folgende Tabelle zeigt die Reihenfolge, in der die Consonanten in den persischen Wörterbüchern geordnet sind, sowie die Namen, die ihnen die Araber geben. Die Vocale gelten den Orientalen nicht als Buchstaben und stehen deshalb auch nicht mit im Alphabete.

' *alif*	*x xâ*	*ṣ ṣad*	*k kâf*
b bâ	*d dâl*	*ż żad*	*g gâf*
p pâ	*ẓ ẓâl*	*ṭ ṭâ*	*l lâm*
t tâ	*r râ*	*z̤ z̤a*	*m mîm*
s̤ s̤â	*z zâ*	' *'ayn*	*n nûn*
j jîm (jâ)	*ž žâ*	*ġ ġayn*	*v vâv*
c cîm (câ)	*s sîn*	*f fâ*	*h hâ*
ḥ ḥâ	*š šîn*	*ḳ ḳâf*	*y yâ*

§. 8.

Zahlzeichen.

Endlich ist noch zu erwähnen, dass die Perser nach dem Vorgange der Araber sich bisweilen der Buchstaben (mit Ausnahme jedoch der speciell persischen *p*, *c*, *ž* und *g*) bedienen, um Zahlen, für die sie ausserdem noch besondere Zeichen haben, auszudrücken. Die Reihenfolge der Buchstaben (Consonanten) ist jedoch dann eine andere, die der älteren syrischen und hebräischen entspricht, nämlich:

' 1	*ḥ* 8	*s* 60	*t* 400
b 2	*ṭ* 9	' 70	*s̤* 500
j 3	*y* 10	*f* 80	*x* 600
d 4	*k* 20	*ṣ* 90	*ẓ* 700
h 5	*l* 30	*ḳ* 100	*ż* 800
v 6	*m* 40	*r* 200	*z̤* 900
z 7	*n* 50	*š* 300	*ġ* 1000.

Die übrigen Zahlen werden durch Zusammenstellung mehrerer jener Buchstaben ausgedrückt. Im gewöhnlichen Leben, beim Rechnen und Schreiben von Jahrzahlen bedienen sich jedoch Perser und Araber der Ziffern (*ṣifr* = Null, die Grundlage des ganzen Ziffersystems), welche die letzteren von den Indern überkommen und später in etwas veränderter Form den Europäern gebracht haben (sogen. arabische Ziffern).

§. 9.

Lesezeichen.

Von sonstigen Lesezeichen sind noch zu erwähnen der Bindestrich (-) und der Apostroph ('). Der erstere zeigt an, dass zwei Wörter so eng zusammen gehören, dass sie gleichsam nur einen Begriff bilden. Der letztere ist, besonders in der Poesie oft, der Stellvertreter eines kurzen Vocals, meistens des *i*; z. B. *z' în* für *zi în*, *muž'gân* für *mužagân*, *bi g'zašt* für *bi guzašt*.

I. Verbum.

§. 10.

Verbal-Stämme.

Alle Formen eines persischen Verbums lassen sich auf zwei Stämme zurückführen, die man nach dem Imperativ (2. pers. sing.) und dem abgekürzten Infinitiv, in denen sie rein auftreten, den Imperativ- und den Infinitiv-Stamm nennt. Der erstere, kürzere und einfachere, ist hinsichtlich seines Auslautes an keine Regel gebunden; der letztere, längere und complicirtere, endigt stets auf *d* oder (nach den Consonanten *f*, *x*, *s*, *š*) auf *t*; z. B.

Imperativ-Stamm:		Infinitiv-Stamm:
purs	(fragen)	*pursîd*
bar	(tragen)	*burd*
âmîz	(mischen)	*âmîxt*.

§. 11.

Infinitiv-Stämme auf *îd* und *âd*.

Der Infinitiv-Stamm ist meistens eine Erweiterung des ursprünglicheren Imperativ-Stammes, seltener ist er von einer anderen (ähnlichen) Wurzel hergeleitet. Am häufigsten geschieht die Bildung des Infinitiv-Stammes durch Anhängung von *îd* an die Grundform (Imperativ-Stamm), z. B.

pursîd, fragen, von *purs*
tarsânîd, erschrecken, von *tarsân*
bûyîd, riechen, von *bûy*
pâyîd, warten, von *pây*
davîd rennen von *dav*.

Dergleichen Verben bezeichnet man, da sie die grösste Gruppe bilden, gewöhnlich mit dem Namen *regelmässige*, im Gegensatz zu allen übrigen, die den Inf.-St. anders bilden und *unregelmässige* heissen.

Folgende Verben nehmen *âd* anstatt *îd* an:

firistâd, schicken, von *firist*
îstâd, stehen, von *ist*
nihâd, legen, von *nih*
uftâd, fallen, von *uft*.

§. 12.

Infinitiv-Stämme auf *ûd*.

Die meisten Verbal-Stämme auf *â* bilden ihren Infinitiv-Stamm durch Verwandlung dieses Lautes in *ûd*:

afzûd / *fuzûd*, zunehmen, von *afzâ* / *fuzâ*
âlûd, beflecken, von *âlâ*
andûd, überziehen, von *andâ*
âsûd, ruhen, von *âsâ*
azmûd, erfahren, von *azmâ*
farmûd, befehlen, von *farmâ*
numûd, zeigen, von *numâ*
pâlûd, durchseihen, von *pâlâ*
paymûd, messen, von *paymâ*
sitûd, preisen, von *sitâ*
sûd, reiben, von *sâ*
zadûd, abreiben, von *zadâ*.

§. 13.

Infinitiv-Stämme auf blosses *d* und *t*.

Blosses *d* nehmen einige Stämme auf *â*, *n* und *r* an:

afkand, schleudern, von *afkan*
afšând, ausgiessen, von *afšân*
kand, graben, von *kan (kand)*
kušâd, öffnen, von *kušâ*
mând, bleiben, von *mân*
nišând, setzen, von *nišân*
rând, treiben, von *rân*

sipird, treten, von *sipir*
sitând, nehmen, von *sitân*
xvând, lesen, von *xvân*
zâd, erzeugen, von *zâ*.
Blosses *t* nehmen folgende an:
bâft, weben, von *bâf*
kušt, tödten, von *kuš*
šikâft, spalten, von *šikâf*.

§. 14.

Infinitiv-Stämme auf *st* und *ist*.

Mehrere nehmen *ist*, und nach einem Vocale bloss *st* an.
âjist, pflanzen, von *âj*
ârâst, schmücken, von *ârâ*
bâyist, nöthig sein, von *bây*
dânist, wissen, von *dân*
girâyist, sich neigen, von *girây*
girîst, weinen, von *girî (giriy)*
mânist, ähnlich sein, von *mân*
nigârist, malen, von *nigâr*
pîrâst, schmücken, von *pîrâ*
šâyist, möglich sein, von *šây*
tuvânist, können, von *tuvân*
yârist, vermögen, von *yâr*
zîst, leben, von *zî (ziy)*.

§. 15.

Infinitiv-Stämme auf *št*.

Mehrere auf *r* verwandeln dasselbe in *št*:
anbâšt, aufspeichern, von *anbâr*
angâšt, meinen, von *angâr*
avbâšt, verschlingen, von *avbâr*
dâšt, halten, haben, von *dâr*
gumâšt, beauftragen, von *gumâr*
guẓašt, vorbei gehen, von *guẓar*
guẓâšt, lassen, von *guẓâr*

kâšt, pflanzen, von *kâr*
pandâšt, meinen, von *pandâr*.

§. 16.

Infinitiv-Stämme auf *ft*.

Einige auf *b* verwandeln diesen Laut in *ft*:
âšûft, stören, von *âšûb*
firîft, täuschen, von *firîb*
kûft, schlagen, von *kûb*
šitâft, eilen, von *šitâb*
tâft, leuchten, von *tâb*
yâft, finden, von *yâb*.

§. 17.

Infinitiv-Stämme auf *xt*.

Viele auf *z* verwandeln dasselbe in *xt*:
afrâxt, erheben, von *afrâz*
afrûxt, entzünden, von *afrûz*
âmîxt, mischen, von *âmîz*
âmûxt, lernen, von *âmûz*
andâxt, werfen, von *andâz*
andûxt, ansammeln, von *andûz*
angîxt, erregen, von *angîz*
âvîxt, hängen, von *âvîz*
bâxt, spielen, von *bâz*
bîxt, sieben, von *bîz*
dûxt, nähen, von *dûz*
girîxt, fliehen, von *girîz*
gudâxt, schmelzen, von *gudâz*
nuvâxt, schmeicheln, von *nuvâz*
pardâxt, vollenden, von *pardâz*
parhîxt, lehren, von *parhîz*
pîxt, fassen, von *pîz*
rîxt, giessen, von *rîz*
sapûxt, stopfen, von *sapûz*
sâxt, machen, von *sâz*

sûxt, brennen, von *sûz*
tâxt, eilen, von *tâz*
tûxt, sammeln, von *tûz.*

§. 18.

Unregelmässige Bildungen.

Folgende Stämme sind nicht unter die eben genannten Kategorien zu bringen:

âfarîd, schaffen, von *âfarîn*
afšurd / *fišurd*, quetschen, von *afšâr* / *fišâr*
âjîd, pflanzen, von *âjîn*
âkand, stopfen, von *âkand*
âmad, kommen, von *â*
âmâd, vergleichen, von *âmâz*
âvard, bringen, von *âr* und *âvar*
âzurd, beleidigen, von *âzâr*
bast, binden, von *band*
bûd, sein, von *bâš* und *buv (bû)*
burd, tragen, von *bar*
cîd, sammeln, von *cîn*
dâd, geben, von *dih*
dîd, sehen, von *bîn*
durûd, mähen, von *durav*
furûxt, verkaufen, von *furûš*
gašt, werden, von *gard*
girift, nehmen, von *gîr*
guft, sprechen, von *gû*
guzîd, wählen, von *guzîn*
guzîxt / *guzist*, zerbrechen, von *guzil*
jâîd, sich räuspern, von *jâv*
jast, springen, von *jih*
just, suchen, von *jû*
kâft, graben, von *kâv*
kard, thun, von *kun*
kâst, abnehmen, von *kâh*

murd, sterben, von *mîr*
nišast, sitzen, von *nišîn*
nuvišt, schreiben, von *nuvîs*
nuhuft, verbergen, von *nuhban* und *nuhuft*
payvast, verbinden, von *payvand*
pazîraft, annehmen, von *pazîr*
puxt, kochen, von *paz*
raft, gehen, von *rav*
rast, entrinnen, von *rih*
rîšt, spinnen, von *rîs*
rust, wachsen, von *rû*
sipurd, übergeben, von *sipâr*
sirišt, kneten, mischen, von *siriš*
sitâd, nehmen, von *sitân*
suft, bohren, von *sunb*
šikast, brechen, von *šikan*
šinâxt, erkennen, von *šinâs*
šinîd / *šinûd* / *šinuft*, hören, von *šinuv (šinû)*
šud, werden, von *šav*
šukuft, blühen, von *šukîb (šukuft)*
šumurd, zählen, von *šumâr*
šust, waschen, von *šû*
xâst, aufstehen, von *xîz*
xuft, schlafen, von *xvâb*
xvâst, wollen, von *xvâh*
zad, schlagen, von *zan.*

Von einigen Verben ist der Imperativ-Stamm ganz ungebräuchlich, z. B. von *âğuštan,* einweichen, dessen Imp.-St. der des Verbs *âlûdan,* beflecken, vertritt.

§. 19.

Personalflexion.

Das persische Verbum hat, gleich dem Verbum der germanischen Sprachen, nur zwei einfache Tempora, nämlich das

Praesens und das Praeteritum, von denen das erste vom Imperativ-, das zweite vom Infinitiv-Stamme durch Anhängung der Personalendungen gebildet wird. Zu bemerken ist jedoch, dass, wie beim germanischen Verbum, die 3. pers. sing. vom Praeteritum ohne Endung, mithin der reine Infinitiv-Stamm, bleibt. Die Personalendungen sind folgende:

Singular.	Plural.
1. *am*	1. *îm*
2. *î*	2. *îd*
3. *ad*	3. *and.*

Das Praesens lautet demnach von *pursîdan* und *kûftan:*

(Imp. St. *purs*)	Singular.	(Imp. St. *kûb*)
pursam, ich frage		*kûbam,* ich schlage
pursî, du fragst		*kûbî,* du schlägst
pursad, er fragt.		*kûbad,* er schlägt.
	Plural.	
pursîm, wir fragen		*kûbîm,* wir schlagen
pursîd, ihr fragt		*kûbîd,* ihr schlagt
pursand, sie fragen.		*kûband,* sie schlagen.

Verben, deren Imperativ-Stamm auf *â* oder *û* ausgeht, schieben, um den Hiatus zu vermeiden, zwischen diese Vocale und die Personal-Endungen des Praesens ein *y* ein, das häufig (obwohl ohne Grund) auch beim Imperativ stehen bleibt: *âyam,* ich komme, *ây* und *â*, komm, vom Stamme *â* (Infinitiv *âmadan*); *gûyam,* ich sage, *gûy,* sprich, vom Stamme *gû* (Infinitiv *guftan*).

Das Praeteritum der oben genannten Verba lautet:

(Inf. St. *pursîd*)	Singular.	(Inf. St. *kûft*)
pursîdam, ich fragte		*kûftam,* ich schlug
pursîdî, du fragtest		*kûftî,* du schlugst
pursîd, er fragte.		*kûft,* er schlug.
	Plural.	
pursîdîm, wir fragten		*kûftîm,* wir schlugen
pursîdîd, ihr fragtet		*kûftîd,* ihr schluget
pursîdand, sie fragten.		*kûftand,* sie schlugen.

Von Dichtern werden bisweilen in Perioden, wenn der Sinn nicht zweifelhaft ist, die Personalendungen des Praeteritums weggelassen. So kann *pursîd* auch heissen: *sie* oder *wir fragten*, je nachdem die 1. oder 3. pers. pl. das allgemeine Subject der ganzen Periode ist.

Einige Personen des Praeteritums können, besonders in der Poesie, durch ein angehängtes *î* zu einer Art von Conjunctiv oder Optativ erweitert werden. So sagt man:

pursîdamî, ich früge, würde, möchte fragen
pursîdî, er früge etc.
pursîdandî, sie frügen etc.

Dasselbe *î* (in der 3. pers. sing. bisweilen *a*) dient jedoch auch dazu, dem Praeteritum, besonders in der 3. pers. sing. und pl., eine ähnliche Bedeutung zu geben, wie die Partikel *mî*, und steht in der Poesie häufig bloss, um das Metrum zu füllen, z. B. *pursîdî* oder *pursîda*, er fragte.

§. 20.

Ableitungen vom Imperativ-Stamme.

Vom Imperativ-Stamme wird ausser dem Praesens der Imperativ: *purs*, frage, *kûb*, schlage, sowie durch Anhängung der Endungen *ân* (abgekürzt *â*) und *anda* ein doppeltes Participium Praesentis *pursân* (abgek. *pursâ*) fragend, *kûbân* (abgek. *kûbâ*), schlagend, und *pursanda*, der Frager, *kûbanda*, der Schläger, gebildet. Die beiden letzteren Formen unterscheiden sich der Bedeutung nach so von einander, dass, wie die deutsche Uebersetzung schon ausdrückt, *pursân* mehr als wirkliche Verbalform, *pursanda* hingegen gewöhnlich als Substantiv oder Adjectiv gebraucht wird.

Beim Imperativ ist noch zu bemerken, dass ausser der 2. pers. sing. alle übrigen Personen mit denen des Praesens gleichlauten. Nur die 3. pers. sing. wird in der Poesie bisweilen, im gewöhnlichen Leben nie, oder doch nur bei gewissen Redensarten, durch Verlängerung des Endungs-Vocals *a* zu *â* erweitert: *pursâd*, statt *pursad*, er frage (doch stets *pursand*, sie sollen fragen etc.). Diese Erweiterung findet besonders bei häufig gebrauchten Verben, wie *bûdan*, sein (*buvâd* und contrahirt *bâd*), *šudan*, werden (*šavâd*), *gardânîdan*, geschehen lassen (*gardânâd*), *kardan*, thun (*kunâd*), und *dâdan*, geben (*dihâd*), statt. Zuweilen wird dergleichen Formen des Nachdrucks wegen noch ein *â* angehängt, z. B. *bâdâ* (statt *bâd* oder *buvâd*), es sei.

§. 21.

Ableitungen vom Infinitiv-Stamme.

Vom Infinitiv-Stamme bildet man, ausser dem Praeteritum, durch Anhängung der Endung *an* den Infinitiv: *pursîdan*, fragen, *kûftan*, schlagen. Der abgekürzte Infinitiv (*pursîd*, *kûft*) wird nur in Verbindung mit einem Modalitäts-Verbum (*xvâstan*, wollen, *tuvânistan*, können, *bâyistan*, nöthig sein, müssen, *šâyistan*, erlaubt sein, dürfen) angewandt.

Ausserdem wird von diesem Stamme nur noch ein Participium Praeteriti mittelst der Endung *a* gebildet: *pursîda*, gefragt habend, *kûfta*, geschlagen habend.

§. 22.

Hülfspartikeln *bi* und *mî*.

Alle übrigen Tempora, sowie das ganze Passiv, werden durch Zusammensetzung der einfachen Verbalformen mit Partikeln und Hülfsverben gebildet. Die Partikeln, die zur Modificirung der Bedeutung gewisser Verbalformen dienen, sind *bi* und *mî*. Das erstere ist dasselbe Wort wie die Praeposition *bi* (bei, in, zu), hat aber hier seine Bedeutung verloren und drückt nur das Fortgehende, Zukünftige einer Handlung aus. Man kann es sämmtlichen Personen des Praesens, Imperativs und Praeteritums (mit seiner Erweiterung) vorsetzen. Der Imperativ *bi purs*, frage doch (du wirst wohl fragen), bekommt dadurch eine bittende, dem Willen des Angeredeten mehr Spielraum gestattende Kraft, und wird im gewöhnlichen Leben von höflichen Leuten fast nur in dieser Form angewandt. Das Praesens *bi pursam*, ich frage (sofort), werde fragen, kann in andern Sprachen meistens durch das Futurum ausgedrückt werden. Das Praeteritum *bi pursîdam*, ich fragte (darauf), wird, ähnlich dem Praesens historicum der Lateiner, besonders in der Poesie oft gebraucht, um die Lebhaftigkeit der Schilderung zu erhöhen. Die Erweiterung des Praeteritums *bi pursîdamî*, ich möchte (vielleicht, etwa) fragen, hat die Bedeutung eines wirklichen Conjunctivs.

Die Partikel *mî*, vollständiger *hamî*, ursprünglich gleichbedeutend mit dem Adverb *hama*, zusammen, zugleich, drückt in Verbindung mit einer Verbalform das eben Geschehene und noch Fortdauernde aus. Besonders häufig, und zwar in der Prosa immer, wenn das Verb von keiner andern Partikel abhängt, wird sie dem Praesens vorgesetzt: *mî (hamî) pursam*, ich frage (eben, jetzt). Das Praeteritum bekommt durch die Vorsetzung von *mî* oder *hamî* die Bedeutung des lateinischen Imperfects: *mî (hamî) pursîdam*, ich fragte (eben), während die einfache Form *pursîdam*, ich fragte (einmal), mehr dem lateinischen Perfect und dem französischen Défini entspricht. Seltener kommt *mî* auch beim Imperativ vor.

Beide Partikeln treten in der Poesie bisweilen zu einem und demselben Verbum, und zwar in dieser Weise: *bi pursad hamî*; noch häufiger jedoch werden beide (des Metrums wegen) weggelassen. In der Poesie steht *hamî* oft dem Verbum nach, *bi* jedoch niemals.

§. 23.

Hülfsverben *am* und *hastam*.

Die Hülfsverben, deren sich die Perser bedienen, um andere Verhältnisse des Verbs auszudrücken, sind: *bûdan*, sein, *šudan*, werden, *xvâstan*, wollen, und *am*, ich bin, von dem nur das Praesens existirt. Das letztere lautet, mit Ausnahme der 3. pers. sing., mit den Personal-Endungen des Praesens und Praeteritums gleich:

Singular.	Plural.
am, ich bin	*îm*, wir sind
î, du bist	*îd*, ihr seid
ast, er (sie, es) ist.	*and*, sie sind.

Es wird nur als Copula gebraucht und steht immer hinter dem Praedicat, mag dasselbe ein Substantiv oder Adjectiv, oder eine Verbalform (part. praes. oder praeter.) sein. Man sagt demnach: *mard am*, ich bin (ein) Mann, *bîmâr î*, du bist krank, *pursanda (pursân) ast,* er ist fragend, (er fragt), *pursîda ast,* (auch wohl *mî pursîda ast*), er ist ein gefragt habender (er hat gefragt). Der letztere Ausdruck entspricht dem Perfectum moderner Sprachen. Zu bemerken ist, dass das Praedicats-Adjectiv und Participium niemals die Pluralform annimmt, und dass man daher sagt: *bîmâr îd,* ihr seid krank, *pursanda (pursân) and,* sie fragen, *pursîda and,* sie haben gefragt.

Die Formen *am, ast* und *and* pflegen nach Wörtern, die auf einen Vocal endigen, ihren Anlaut meistens zu elidiren, z. B. *dânâ 'nd,* sie sind klug, *û 'st,* er (sie, es) ist, *Landan šahr i buzurg-î 'st,* London ist eine grosse Stadt. Wörter auf kurzes *a* (alle Participien) sind jedoch hiervon ausgenommen; man sagt gewöhnlich: *šuda am,* ich bin geworden, *pursîda ast,* er hat gefragt.

Neben *ast,* er ist, gebraucht man oft eine stärkere Form *hast,* er existirt, von der durch Anhängung der Personal-Endungen des Praeteritums wieder ein neues Praesens gebildet wird. Es wird als selbständiges Verb gebraucht mit der Bedeutung: *sein,* d. i. *existiren.*

Singular.	Plural.
hastam, ich bin	*hastîm,* wir sind
hastî, du bist	*hastîd,* ihr seid
hast, er ist.	*hastand,* sie sind.

Die Negativ-Partikel *na* verschmilzt mit *hastam* zu einem Worte: *nîstam,* ich bin nicht, *nîst,* er ist nicht. Dasselbe gilt von den Frage-Pronomen *ki,* wer, und *ci,* was. Man sagt: *kîstî,* wer bist du? *cîst,* was ist es?

Durch Zusammensetzung des Wortes *hastam* mit dem Infinitiv-Stamme eines Verbs wird bisweilen ein neues Praesens gebildet: *pursîdastam* (*pursîdastî, pursîdast* etc.), ich frage.

§. 24.

Hülfsverb *bûdan.*

Das Hülfsverb *bûdan,* sein, mit dem doppelten Praesens *buvam* und *bâšam,* von denen das erste jedoch nur wenig gebräuchlich ist, dient zur Bildung des Plusquamperfects: *pursîda bûdam* (*bûdî, bûd* etc.), ich hatte gefragt, ferner des Infinitivs Perfecti: *pursîda bûdan*, gefragt haben, und (seltener) eines zweiten Perfects: *pursîda bâšam* (*bâšî, bâšad* etc.), das in andern Sprachen in der Regel durch den Conjunctiv Perfecti, den zweiten Conditional, oder das Futurum exactum wieder zu geben ist.

§. 25.

Hülfsverben *xvâstan* und *tuvânistan.*

Xvâstan, wollen, im Praesens *xvâham*, bildet mit dem abgekürzten Infinitiv das Futurum: *xvâham pursîd*, ich will (werde) fragen, sowie eine Art von Conditional: *xvâstam* (*xvâstî, xvâst* etc.) *pursîd*, ich wollte (würde) fragen.

Das Verbum *tuvânistan*, können, wird ebenfalls mit dem abgekürzten Infinitiv verbunden, z. B. *tuvânîm raft*, wir können gehen. Oft verbindet man es auch, anstatt mit dem Infinitiv, mit dem Verbum finitum und *bi*, z. B. *tuvânam bi gûyam* (für *tuvânam guft*), ich kann sprechen.

Bisweilen kommt anstatt des Verbs *tuvânistan* das Verbal-Substantiv (Imperativ-Stamm) *tuvân*, Möglichkeit, möglich, vor, wenn ein allgemeiner Gedanke ausgedrückt werden soll, z. B. *tuvân pursîd*, man kann (est ist möglich zu) fragen, *na tuvân dânist*, man kann nicht wissen.

Ausser diesen beiden Verben haben noch *yâristan*, können, *bâyistan*, nöthig sein, und *šâyistan*, möglich, erlaubt sein, stets den abgekürzten Infinitiv nach sich.

§. 26.

Hülfsverb *šudan.*

Šudan, werden, im Praesens *šavam*, dient in Verbindung mit dem Participium Praeteriti zur Bildung des Passivs: *pursîda (mî) šavam* (*šavî, šavad* etc.), ich werde gefragt; *p. (mî) šudam (šudî, šud)*, ich wurde gefragt; *p. šuda am*, ich bin gefragt worden; *p. šuda bûdam*, ich war gefragt worden; *p. bi šavam*, ich mag gefragt werden; *p. xvâham šud*, ich werde gefragt werden; *p. xvâstam šud*, ich würde gefragt werden; *p. šuda bâšam,* ich mag gefragt worden sein; *pursîda šav,* lass dich fragen; *p. šudan,* gefragt werden; *p. šuda bûdan,* gefragt worden sein; *p. šavân (šavâ, šavanda),* gefragt werdend; *pursîda šuda,* gefragt worden seiend.

§. 27.

Unpersönliche Verben.

Unpersönlich werden besonders gebraucht: *bâyad,* es ist nöthig (man muss), *šâyad,* es ist möglich, erlaubt (man darf), zu denen man die Infinitive *bâyistan* und *šâyistan* rechnet. Man construirt diese Verben mit dem Accusativ (Dativ) der Person, welche muss oder soll, und mit dem abgekürzten Infinitiv des Verbs, das die gemusste oder gesollte Handlung ausdrückt, z. B. *mard râ (mî) bâyad âmad,* der Mann muss kommen, *šumâ râ šâyist raft,* ihr solltet gehen. Die Form *šâyad* wird oft, ähnlich dem französischen *peut-être,* als Adverb gebraucht in der Bedeutung: *vielleicht,* z. B. *šâyad mard mî âyad,* vielleicht kommt der Mann.

Zuweilen kommt auch das Verb *bûdan* als Impersonale vor in der Bedeutung: es geschieht, kommt vor, mit folgendem *ki,* dass.

§. 28.

Abgeleitete Verben.

Viele Substantive, auch arabischen Ursprungs, können ohne weiteres als Imperativ-Stämme zur Bildung von Verben dienen, deren Infinitiv regelmässig auf *îdan* ausgeht, z. B. *fahmîdan* (praes. *fahmam*), verstehen, *ṭalabîdan* (praes. *ṭalabam*), fragen, suchen, von den arabischen Substantiven *fahm,* Verstand, und *ṭalab,* Frage, Gesuch.

Durch Anfügung der Sylbe *ân* an den Imperativ-Stamm eines Verbs bildet man ein neues Verb mit causaler Bedeutung, z. B. von *tarsîdan* (Stamm: *tars*), fürchten, kommt *tarsânîdan* (Stamm: *tarsân*), fürchten machen, erschrecken.

Viele persische Verben haben zugleich transitive und intransitive oder reflexive Bedeutung, z. B. *kušâdan,* öffnen und sich öffnen, *šustan,* waschen und sich waschen.

§. 29.

Mit Partikeln zusammengesetzte Verben.

Abgesehen von den Verben, die mit untrennbaren, jetzt nicht mehr einzeln vorkommenden Partikeln, wie *â*, *af*, *an*, *pay*, *pî* (*ârâstan*, *afrûxtan*, *andâxtan*, *payvastan*, *pîrâstan*) vollständig zu einem Worte verschmolzen sind, und die sich grammatisch ganz wie einfache verhalten, giebt es im Persischen eine Menge mit selbständigen Praepositionen oder Adverbien zusammengesetzter Verben. Diejenigen trennbaren Partikeln, welche am häufigsten Verbindungen mit Verben eingehen, sind: *bar*, auf; *dar* und *andar*, in, hinein; *bâz*, zurück, wieder; *furûd* (vor Consonanten oft *furû*), hinab, unter; *bîrûn*, hinaus; *pîš*, vor; *bi ham*, zusammen; *vâ*, weg, aus einander. Sie stehen stets, auch in der Poesie, vor dem Verb, zu dem sie gehören, werden jedoch durch die Partikeln *mî* und *bi* von demselben getrennt. Man sagt: *dar mî âyad*, er kommt herein, von *dar âmadan*; *bâz mî dâšt*, er hielt zurück, von *bâz dâštan*.

§. 30.

Mit Nominibus zusammengesetzte Verben.

Eine andere Art der Zusammensetzung ist die eines Verbs mit einem (gewöhnlich arabischen) Nomen. Obwohl dergleichen Nomina ursprünglich gewiss vom Verbum regiert wurden, und daher eigentlich als Accusative zu betrachten sind, so können solche zusammengesetzte Verben doch, wenn sie transitiv sind, noch einen zweiten Accusativ bei sich haben, den man freilich auch für das fernere Object (Dativ) halten könnte, das oft durch dieselbe Partikel (*râ*) ausgedrückt wird. Derartige Nomina stehen im gewöhnlichen Leben ebenfalls vor dem Verb, zu dem sie gehören, können jedoch in der Poesie auf beliebige Weise von ihm getrennt und auch hinter dasselbe gesetzt werden. Beispiele sind: *ḥasad burdan*, beneiden, eig. Neid tragen (praes. *ḥasad mî baram*); *tamâm kardan*, beendigen, eig. Ende machen; *ʿayb justan*, tadeln, eig. Tadel suchen.

II. Nomen.

§. 31.

Geschlecht.

Das Geschlecht wird im Persischen weder bei Substantiven, noch bei Adjectiven oder Pronomen durch die Endung unterschieden. Männliche und weibliche Wesen derselben Gattung werden entweder durch verschiedene Wörter ausgedrückt (*pusar*, Knabe — *duxtar*, Mädchen; *ġûc*, Bock — *mîš*, Schaf), oder durch Hinzufügung der Adjective *nar*, männlich, und *mâda*, weiblich, unterschieden: *banda i nar*, Sclav — *banda i mâda*, Sclavin; *šîr i nar*, Löwe — *šîr i mâda*, Löwin. Nur einige in der Dichtersprache gebrauchte Namen für Personen beiderlei Geschlechts können die arabische Feminin-Endung *a* oder *at* annehmen, z. B. *ma'šûḳ*, Geliebter — *ma'šûḳa* oder *ma'šûḳat*, Geliebte, Liebchen.

§. 32.

Numerus.

Der Numerus ist in der persischen Sprache ein doppelter, Singular und Plural; der erstere hat keine bestimmte Endung, der letztere wird durch Anhängung einer Plural-Endung von jenem gebildet. Die gewöhnlichste Plural-Endung ist *hâ*; sie wird im gemeinen Leben fast bei allen Substantiven ohne Unterschied gebraucht. In der Büchersprache, und besonders bei Dichtern, wird sie jedoch nur bei Wörtern, die leblose Wesen bezeichnen, aber nicht selten auch bei Thiernamen angewandt, z. B. *xânahâ*, Häuser (von *xâna*), *asphâ*, Pferde (von *asp*). Die Endung *ân* dagegen dient in der gewählten Rede zur Bildung von Pluralen bei Wörtern, welche lebende, und besonders vernünftige, Wesen bezeichnen, z. B. *mardân*, Männer (von *mard*), *aspân*, Pferde (von *asp*). Dichter wenden diese Endung bisweilen sogar bei leblosen Dingen, die personificirt gedacht werden, an, z. B. *diraxtân*, Bäume, statt *diraxthâ* (von *diraxt*), *âftâbân*, Sonnen, für *âftâbhâ* (von *âftâb*). Wörter auf *a* schieben vor der Plural-Endung *ân* ein *g* ein, solche auf *â*, und gewöhnlich auch die auf *û*, ein *y*. Man sagt demnach: ***bacagân***, Kinder (von *baca*), ***gadâyân***, Bettler (von *gadâ*), ***âhûyân***, Gazellen (von *âhû*). Diejenigen auf *î* und bisweilen die auf *û* verwandeln diese Laute in *iy* und *uv*, z. B. ***Rûmiyân***, Griechen, eig. Römer (von *Rûmî*), ***âhuvân***, Gazellen, statt *âhûyân*.

Ausser diesen beiden Arten, den Plural zu bilden, wenden neuere Dichter bisweilen, besonders bei abstracten Substantiven, die Endung *ât* an, die bei Wörtern auf *a* des Wohlklanges wegen in *jât* verwandelt wird, z. B. ***nuvâzišât***, Schmeicheleien (v. *nuvâziš*), ***nuvištajât***, Schriften (v. *nuvišta*, Brief). Es ist dies eigentlich die Pluralform arabischer Feminine, die jedoch der persischen Sprache des gemeinen Lebens ganz fremd geblieben ist und auch bei den besseren Schriftstellern älterer Zeit nicht vorkommt. Aus dem Arabischen übernommene Wörter auf *a* oder *at* verwandeln diese Endung auch wohl (wie dies im Arabischen die Regel) geradezu in *ât*, z. B. ***târât***, Male, Zeiten (v. *târa* oder *târat*). Selbst die arabische Dualendung *ayn* kommt bei neueren persischen Dichtern zuweilen vor, z. B. ***zulfayn***, zwei Locken (v. *zulf*).

Bisweilen bedient man sich, um eine Mehrheit auszudrücken, gewisser arabischer Formen, der sogenannten Plurales fracti, die den Collectiven anderer Sprachen zu vergleichen sind. Dieselben sind der Form nach Singulare und werden auch stets, in ihrem Verhältniss zum Verb, als solche behandelt, haben jedoch eine plurale Bedeutung. So gebraucht man als Mehrheit von *fard*, Individuum, die Collectivform ***afrâd***, (Sammlung von) Individuen, von *fazîlat*, Tugend, ***fazâil***, (Inbegriff der) Tugenden.

Aehnlich wie bei den Pluralibus fractis kann das Verb im Singular stehen, wenn es von einem Plural auf *hâ* abhängt, wodurch leblose oder unvernünftige Wesen bezeichnet werden, z. B. ***xânahâ i în šahr xarâb šud*** (statt *šudand*), die Häuser dieser Stadt wurden verwüstet. Besonders findet dies statt bei Wörtern, die abstracte Begriffe bezeichnen, z. B. ***sâlhâ 'st*** (für *ast*), ***ki mâ ham-maktab mî bûdîm***, es ist Jahre her, dass wir Schulgenossen (adjectivisch, daher im Singular) waren.

Dies letztere gilt selbst dann, wenn von verschiedenen abstracten Begriffen die Rede ist, in welchem Falle bei Concreten immer der Plural stehen muss, z. B. *xar u asp u gâv kušta šudand,* der Esel, das Pferd und die Kuh wurden getödtet; dagegen: *marg u zindagî az Xudâ mî âyad,* Tod und Leben kommt von Gott.

Collective haben dagegen häufig das Verb im Plural bei sich, z. B. *jamâ'at mî âyand,* der Heerhaufen kommt; *ahl i Marv dânistand,* das Volk von Marv wusste.

§. 33.

Casus.

Eine eigentliche Declination giebt es im Persischen nicht; die Casus werden sämmtlich durch Partikeln ausgedrückt. Nur für den Vocativ, der in der Regel mittelst der Interjection *ay,* o, gebildet wird (*ay pusar,* o Knabe), existirt noch eine besondere, aus dem Nominativ durch angehängtes *â* erweiterte Form: *pusarâ,* o Knabe, *pâdišâhâ,* o König.

Den Accusativ bezeichnet die nachgesetzte Partikel *râ,* z. B. *pusar râ dîdam,* ich sah den Knaben. Bei Wörtern, die eine unbestimmte Menge ausdrücken, bleibt jedoch diese Partikel weg, z. B. *may nûšîd,* er trank Wein, dagegen *may râ nûšîd,* er trank den Wein; *'ayb justan,* Tadel suchen, d. i. tadeln (vgl. §. 30). Dieselbe Partikel dient auch bisweilen zur Bezeichnung des ferneren Objects (Dativs), z. B. *pusar râ may dâd,* er gab dem Knaben Wein. Oft wird dem (ferneren und näheren) Object die Partikel *mar* vorgesetzt, in welchem Falle *râ* auch wegbleiben kann, z. B. *mar pusarân (râ) guft,* er sprach zu den Knaben, *mar šâh (râ) dîdam,* ich sah den König. Wenn mehrere Wörter, durch Partikeln verbunden, das Object ausmachen, so kommt *râ* hinter das letzte, *mar* dagegen, wie alle Praepositionen, vor das erste zu stehen, z. B. *(mar) asp u xar râ furûxt,* er verkaufte das Pferd und den Esel; *(mar) duxtar i mard râ dîd,* er sah die Tochter des Mannes. Von Dichtern werden mitunter beide Partikeln weggelassen.

Das eigentliche Zeichen des Dativs ist die Praeposition *bi,* bei, an, zu, in; z. B. *guftîm bi mard,* wir sagten (zu) dem

Manne. Den Ablativ bezeichnet die Praeposition *az* oder *zi*, von, aus; z. B. *az asp uftâd*, er fiel vom Pferde, *zi šahr âmad*, er kam aus der Stadt. Dieselbe Partikel dient auch dazu, den Genitivus partitivus der Lateiner auszudrücken, z. B. *dû az mardân*, zwei von den Männern; *šamšîr az fulâd*, das Schwert von Stahl.

Den Genitiv bezeichnet die vorgesetzte Sylbe *i*, die niemals am Anfange eines Satzes, sondern stets zwischen den beiden zusammengehörigen Wörtern steht, z. B. *xâna i padar*, das Haus des Vaters, *mîvahâ i diraxt*, die Früchte des Baumes.

§. 34.

Artikel.

Einen bestimmten Artikel giebt es im Persischen nicht; der unbestimmte Artikel anderer Sprachen wird durch ein angehängtes *-î* (*yâ i vaḥdat*, *î* der Einheit) ausgedrückt, z. B. *pâdišâh-î*, ein König, *xâna-î*, ein Haus. Dieses *î* duldet hinter sich die Genitiv-Partikel *i* nicht. *Ein Sohn des Königs* wird daher am besten übersetzt durch: *yak-î az farzandân i šâh*, d. i. einer von den Söhnen des Königs. Im Plural kann die Unbestimmtheit so wenig ausgedrückt werden, wie bei Collectiven; *xânahâ* kann heissen: *die Häuser*, und *Häuser*; *nân*, *das Brod*, und *Brod*; *may*, *der Wein*, und *Wein*. Um bestimmte Häuser und bestimmtes Brod zu bezeichnen, müsste man ein Pronomen demonstrativum anwenden.

§. 35.

Von Verben abgeleitete Substantive.

Nicht nur der vollständige Infinitiv, sondern auch der Infinitiv- und Imperativ-Stamm eines jeden Verbs kann unverändert als abstractes Substantiv gebraucht werden, z. B. *guftan*, *guft* und *gû* (*gûy*), das Reden, *raftan*, *raft* und *rav*, das Gehen. Oft gebraucht man beide Verbal-Stämme zusammen, durch *u* (und) oder (-) verbunden, z. B. *guft-gû* (*gûy*) oder *guft u gû*, Reden und Reden, d. i. Unterhaltung, Gespräch. Dem Infinitiv wird häufig noch ein *î* angehängt, das demselben die Bedeutung der lateinischen Participialformen auf *ndum* giebt, z. B. *xvardanî,* was gegessen werden kann oder soll, d. i. essbar; *kardanî,* was zu thun ist.

Andere Abstracta entstehen durch Anfügung der Endung *âr* an den Infinitiv-Stamm, z. B. *raftâr,* das Gehen, der Gang, *guftâr,* das Reden, die Rede, *dîdâr,* das Sehen, das Gesicht. Im Deutschen sind solche Formen bisweilen auch durch concrete Substantive zu übersetzen, z. B. *giriftâr,* das Fangen, der Fang, durch: *die Beute,* oder: *der Gefangene.*

Endlich werden auch vom Imperativ-Stamme mittelst der Endung *iś* Abstracta gebildet, wie *nuvâziś,* Schmeichelei, *dâniś,* Klugheit, Wissen. Auch diese können mitunter im Deutschen durch Concreta wiedergegeben werden, z. B. *xvariś,* das Essen, durch: *Speise, Gericht.*

Als concrete Substantive können die Participia, besonders die längere Form des Part. praes. auf *anda* dienen, z. B. *gûyanda,* der Redner, Sprecher (von *guftan*).

§. 36.

Von Nominibus abgeleitete Substantive.

Von Substantiven mit concreter Bedeutung und von Adjectiven bildet die Endung *î* Abstracta, z. B. *dûstî,* Freundschaft, von *dûst,* Freund; *pâdiśâhî,* königliche Herrschaft, von *pâdiśâh,* König; *garmî,* Wärme, von *garm,* warm. Bei einigen Adjectiven kommt auch die Endung *â* mit dieser Bedeutung vor, z. B. *garmâ,* Wärme. Wörter auf *a* nehmen *gî* statt *î* an, z. B. *bacagî,* Kindheit, von *baca,* Kind; *mardânagî,* Männlichkeit, von *mardâna,* männlich. Dieselbe Bedeutung hat die Endung *nây* in *tangnây,* Enge, von *tang,* eng, u. a.

Endungen, die, obwohl sehr verschieden angewandt, alle zur Bildung von Substantiven dienen, welche den Ort bezeichnen, an dem sich Etwas befindet, sind: *-istân* (auch *-sitân*), *-dân, -zâr, -sâr, -kada, -lâx, -jâ (jây), -gâh, (-gah),* welches letztere auch bisweilen die Zeit, in der Etwas geschieht, ausdrückt. Beispiele sind: *gul-istân (gul-sitân),* Rosengarten, *kalam-dân,* Schreibzeug (eig. Federbehälter), *namak-zâr,* Salzwüste, *kûh-sâr,* Berggegend, *but-kada,* Götzentempel, *sang-lâx,* steinige Gegend, *xvâb-jâ* oder *xvâb-gâh*, Schlafstelle, *šâm-gâh*, Abendzeit.

Substantive, welche Personen bezeichnen, die sich mit Etwas, das das Primitiv ausdrückt, beschäftigen, endigen auf *-bar*, *-gar*, (*-gâr* oder *-kâr*), *-bân*, *-dâr*, z. B. *zar-gar*, Goldschmied, *ḳalam-gâr*, Schreiber, *daftar-dâr*, Buchhalter, *bâġ-bân*, Gärtner, *payġam-bar*, Botschafter (Gottes, d. i. Prophet).

Alle diese Bildungssylben sind ursprünglich Nomina oder Verbalstämme gewesen; einige von ihnen existiren noch jetzt als selbständige Wörter, z. B. *jâ*, der Ort, *gâh*, die Zeit; die eigentliche Bedeutung der meisten jedoch ist in der heutigen Sprache vergessen.

§. 37.

Diminutive.

Diminutive werden gebildet mittelst der Endungen *ak*, *aka*, *ca* und *a*. Die gewöhnlichste dieser Endungen ist *ak*, nach Vocalen auch wohl *yak*, z. B. *bandayak*, der arme (kleine) Sclav. Sie kann nicht nur jedem beliebigen Substantiv, sondern auch Adjectiven, besonders im Comparativ, angehängt werden. Man sagt: *mardak*, Männchen, *xarak*, Esellein, *cašmak* (eig. Aeuglein), Augenwink, Blinzeln, daneben auch: *xûbtarak*, etwas hübscher, ziemlich hübsch. Dergleichen Diminutive bezeichnen nicht nur etwas wirklich Kleines, sondern oft auch etwas Geringes, Elendes, Lächerliches, doch ebenso auch etwas Niedliches, Nachgemachtes und Uebertragenes. Der Zusammenhang muss oft entscheiden, wie solche Wörter zu übersetzen sind.

Die Endungen *aka* und *a* werden nur bei lebenden, vernünftigen Wesen angewandt, und zwar die erstere mehr bei erwachsenen Personen, die letztere bei Kindern. Beide geben dem Worte den Begriff des Gemeinen, Verächtlichen, z. B. *zanaka*, (gemeines) Weibsbild, *duxtara*, (nichtsnutziges) Mädchen.

Die Diminutiv-Endung *ca* wird nur bei leblosen Gegenständen angewandt, und zwar meistens, um wirklich kleine oder niedliche Dinge zu bezeichnen, z. B. *bâġca*, Gärtchen, *mâhca*, Mondchen (Gegenstand in Gestalt eines kleinen Mondes).

§. 38.

Adjectiv.

Die Adjective erleiden keine andere Veränderung, als die Comparation, und zwar bildet den Comparativ die Endung *tar*, den Superlativ *tarîn*, z. B. *xûb*, schön, *xûbtar*, schöner, *xûbtarîn*, am schönsten; *bih*, gut, *bihtar*, besser, *bihtarîn*, am besten. Die Vergleichung geschieht beim Comparativ mittelst der Praeposition *az (zi)* oder der Conjunction *ki*, beim Superlativ mittelst *i* oder *az (zi)*, z. B. *dûstân mihr-bântar az* (oder *ki*) *xvîšân and*, Freunde sind liebenswürdiger als Verwandte; *šîrîntarîn az* (oder *i*) *mîvahâ angûr ast*, die süsseste der Früchte ist die Weintraube. Bei Dichtern kommt oft der Positiv *bih*, gut, vor, wo man den Comparativ *bihtar* erwarten sollte, z. B. *ṣabr i darvîš bih, ki bazl i ġanî*, die Geduld des Armen (ist) besser als die Freigebigkeit des Reichen. Auch Comparativ und Superlativ werden bisweilen verwechselt.

Adjective werden oft substantivisch gebraucht; in diesem Falle können sie auch das Zeichen des Plurals *ân* (niemals *hâ*) annehmen, z. B. *xûbân*, die Schönen, *dânâyân*, die Weisen (vgl. §. 32).

§. 39.

Abgeleitete Adjective.

Die gewöhnlichsten Endungen, welche dazu dienen, Adjective von Substantiven zu bilden, sind: *î, a, âna, în, îna, -gîn, -âgîn, -vâr, -var, -bâr, mand, -nâk, -sâr, -fâm, -gûn, -sâ, -âsâ, -sân, -vaš, -dîs*. Die Endung *î* dient besonders dazu, von Städte- und Länder-Namen Adjective zu bilden, die sehr häufig auch als Namen der Bewohner substantivisch gebraucht werden.

Beispiele für alle diese Bildungen sind: *Rûmî*, römisch, Römer, (Grieche); *Marvî*, die Stad Marv betreffend, Einwohner derselben; *pâdišâhî*, königlich; *har sâla*, alljährlich; *mardâna*, männlich; *zarîn*, und *zarîna*, golden; *ġam-gîn*, kummervoll; *šarm-âgîn*, schamhaft; *dâniš-var*, gelehrt; *umîd-vâr*, hoffnungsvoll; *mušk-bâr*, moschusgleich; *xirad-mand*, verständig;

zahr-nâk, giftig; *śarm-sâr*, beschämt; *âtaś-fâm*, feuerfarbig; *gul-gûn*, rosenfarbig; *siḥr-sâ*, zauberhaft; *'anbar-âsâ*, ambragleich; *dîv-sân*, dämonenhaft; *mâh-vaś*, mondgleich; *xvar-dîś*, sonnengleich.

Bei der Anfügung der Endung *âna* an Wörter, die auf Vocale endigen, gelten dieselben Regeln wie bei der Pluralbildung (auf *ân*). Man sagt demnach: *dânâyâna*, weislich (von *dânâ*; vgl. §. 32).

§. 40.

Zusammengesetzte Adjective.

Eine unbegränzte Zahl von Adjectiven, die alle auch als Substantive dienen können, entsteht durch Zusammensetzung. Solche zusammengesetzte Wörter können bestehen:

1) aus einem Substantiv und dem Imperativ-Stamme eines Verbs. Bei dieser zahlreichsten Classe von Zusammensetzungen folgt immer der Verbal-Stamm dem Nomen, z. B. *dur-afśân*, Perlen streuend, *xûn-rîz*, blutvergiessend;

2) aus einem Adjectiv, welches in diesem Falle stets die erste Stelle bekommt, und einem Substantiv, z. B. *siyâh-caśm*, schwarzäugig, *nîk-axlâḳ*, wohlgesittet;

3) aus zwei Substantiven, von denen das erste als Genitiv, abhängig vom zweiten, gedacht werden kann, z. B. *śîr-dil*, löwenherzig (das Herz eines Löwen habend), *yâḳût-lab*, rubinlippig (mit Lippen von Rubin). Bisweilen wird auch dasselbe Substantiv wiederholt, um eine Fülle, Mannigfaltigkeit, auszudrücken. An das erste von dergleichen Substantiven wird dann in der Regel *â* angehängt, z. B. *labâ-lab*, bis zum Rande (Lippe) voll, *gûnâ-gûn*, verschiedenfarbig. Oft werden jedoch beide Wörter nicht zu einem zusammengezogen, sondern mittelst der Praeposition *bi* verbunden, z. B. *jav bi jav*, oder *jav-jav*, körnerweise (Korn bei Korn), d. i. einzeln;

4) aus einer Partikel und einem Substantiv. Die Partikeln, die solche Zusammensetzungen bilden, sind besonders: *ham*, zusammen (mit-), *bî*, ohne (un-), *kam*, wenig (gering-), *nâ*, nicht (un-). Die letztere kann auch mit Adjectiven und Verbal-Stämmen zusammengesetzt werden. Beispiele sind:

ham-xâna, zusammen hausend (Hausgenosse); *bî-xirad*, unverständig; *kam-rîš*, dünnbärtig; *nâ-pâk*, unrein; *nâ-dân*, unwissend.

Alle diese Zusammensetzungen können, auf Personen bezogen und substantivisch gebraucht, die Pluralendung *ân* annehmen, z. B. *šagar-labân*, die Zuckerlippigen (Mädchen) *šîr-dilân*, die Löwenherzigen (Helden).

§. 41.

Adjectiv und Substantiv.

Das Adjectiv kann mit dem Substantiv auf zweierlei Weise verbunden werden; es wird demselben entweder einfach vorgesetzt (was jedoch seltener, im gewöhnlichen Leben nur bei ganz kurzen und häufig gebrauchten Adjectiven, vorkommt), oder es wird durch das Genitiv-Zeichen *i* mit ihm verbunden. Man sagt daher *xûb pusar*, und *pusar i xûb*, der schöne Knabe, *dânâ mardân*, und *mardân i dânâ*, weise Männer. Adjective arabischen Ursprungs, und überhaupt solche, die ungewöhnlichere Eigenschaften ausdrücken, werden in der Regel nicht vor das Substantiv gesetzt.

Die Accusativ-Partikel *râ* und das Einheits-Zeichen *î* werden, mag das Adjectiv vor oder hinter dem Substantiv stehen, dem letzten Worte angehängt, z. B. *bad mard-î* und *mard i bad-î*, ein schlechter Mensch; *bad mardân râ mî dânam*, und *mardân i bad râ mî dânam*, ich kenne schlechte Menschen. In dichterischer Rede sagt man jedoch auch häufig: *mard-î bad*, ein Mann, (ein) schlechter; niemals aber *mard-î i bad*, weil das *î* der Einheit hinter sich kein Genitiv -*i* duldet (vgl. §. 34). — Alle diese Regeln gelten auch für das mit einem Adverb (*bisyâr*, sehr, u. a.) verbundene Adjectiv; man sagt demnach: *šahr i bisyâr buzurg-î*, und *bisyâr buzurg šahr-î*, eine sehr grosse Stadt.

§. 42.

Personal-Pronomen.

Die Personal-Pronomina sind folgende:

Singular.	Plural.
man, ich	*mâ*, wir
tu, du	*šumâ*, ihr
û, *vay*, } er, sie.	*îšân*, sie.

Soll das deutsche *es* besonders ausgedrückt werden, so muss dies durch ein Demonstrativ-Pronom geschehen. Das deutsche unbestimmte *man* wird im Persischen durch die 3. pers. pl. des Verbi ausgedrückt, z. B. *Kur'ân (râ) mî xvânand* kann heissen: *man liest den Koran.*

Die Casus werden auf dieselbe Weise gebildet, wie bei den Substantiven, nur ist zu merken, dass *man* vor der Accusativ-Partikel *râ* in *ma* verkürzt wird (*ma râ*, mich, mir), und dass *û* und *îšân* nach der Praeposition *bi* zuweilen in *dû* und *dîšân* verwandelt werden (*bi dû* = *bi û*, *bi vay*, ihm, ihr; *bi dîšân* = *bi îšân*, ihnen). Die Genitive der Personal-Pronomina vertreten die Stelle der Possessive, z. B. *xâna i vay*, sein (ihr) Haus; *kitâbhâ i šumâ*, eure Bücher.

§. 43.

Pronominal-Suffixe.

Ausser den selbständigen Personal-Pronomen giebt es im Persischen auch Pronominal-Suffixe, welche Nominibus (als Genitive) und Verbis (als Accusative oder Dative), ja sogar Praepositionen und andern Partikeln, angehängt werden. Es sind die folgenden:

Singular.	Plural.
-*am*, mich (mir), mein	-*imân*, uns, unser
-*at*, dich (dir), dein	-*itân*, euch, euer
-*aš*, { ihn (ihm), sein / sie (ihr), ihr.	-*išân*, sie (ihnen), ihr.

Man sagt daher: *xâna-am*, mein Haus, *didam-aš*, ich sah ihn (sie), *guftam-at*, ich sagte dir, und *bi-at*, zu dir, *az-imân*, von uns. Auch die unpersönlichen Verben *bâyad*, es ist nöthig, und *šâyad*, es ist möglich, erlaubt, werden oft, statt mit dem Accusativ (Dativ) des Personal-Pronoms, mit dem Pronominal-Suffix verbunden, z. B. *(mî) bâyad-am*, ich muss, *bâyist-aš*, er musste.

Folgen diese Suffixe auf Wörter, die mit *û* oder *â* endigen, so wird den letzteren gewöhnlich ein *y* angehängt, z. B. *mûy-aś*, sein (ihr) Haar (von *mû*); nach Wörtern auf *â* wird der Anlaut des Suffixes auch häufig elidirt, z. B. *śuturhâ-'tân*, und *śuturhây-itân*, eure Kameele. Wörter auf *î* verwandeln diesen Laut vor Suffixen in *iy*, z. B. *dûstiy-aś*, seine Freundschaft.

§. 44.

Reflexiv-Pronomen.

Dem Reflexiv-Pronom anderer Sprachen entspricht für alle Personen, im Singular und Plural, das persische *xvad*, häufig durch das deutsche *selbst* oder *eigen* zu übersetzen. Man verbindet es mit Personal-Pronomen und Suffixen, z. B. *man xvad* und *xvad-am*, ich selbst; *îśân xvad* und *xvad-iśân*, sie selbst; *kitâb i xvad-at*, dein eigenes Buch. Wenn es als Object oder nähere Bestimmung des Objects von einem Verb abhängt, dessen Thätigkeit auf das Subject zurückgeht, so wird das Personal-Pronom oder Suffix weggelassen. Man sagt z. B. *xvad râ zada and*, sie haben sich (selbst) geschlagen, *kitâbhâ i xvad râ xvâhîm furûxt*, wir werden unsere (eigenen) Bücher verkaufen; dahingegen: *kitâbhâ i xvad-at râ furûxta am*, deine (eigenen) Bücher habe ich verkauft.

Mit *xvad* gleichbedeutend sind die grammatisch sich ebenso verhaltenden Nebenformen *xvîś* und *xvîśtan*. Beispiel: *xâna i xvîś (râ) tu râ bâyad guẕâśt*, dein Haus musst du verlassen.

§. 45.

Demonstrativ-Pronomen.

Die Demonstrativ-Pronomina sind *în*, dieser, diese, dieses, und *ân*, jener, jene, jenes (der, die, das), derjenige, diejenige, dasjenige. Beide bleiben, wenn sie mit einem Substantiv (dem sie stets vorangehen) verbunden sind, unverändert, mag dasselbe im Singular oder Plural stehen, z. B. *în diraxthâ*, diese Bäume, *ân mardân i dânâ*, jene klugen Männer. Sobald sie jedoch substantivisch stehen, können sie nicht nur die Pluralendungen *ân* und *hâ*, sowie das Accusativ-Zeichen *râ* annehmen, sondern auch einen Genitiv, ja selbst ein Personal-Suffix nach sich haben. Man gebraucht *înân*, diese, diejenigen, und *ânân*, jene, von lebenden (bes. vernünftigen), *înhâ*, diese, und *ânhâ*, jene, von leblosen (und unvernünftigen) Wesen. Um das deutsche *der meinige etc.* auszudrücken, fügt man das Personal-Pronom im Genitiv, auch wohl (im gemeinen Leben oft) das Suffix, an eines dieser Wörter, z. B. *ân i mâ* und *ân-imân*, der (die, das) unsrige, *înhâ i šumâ*, und *înhây-itân*, die eurigen, *înân i xvad*, die eigenen.

Nach der Praeposition *bi* nimmt *în* und *ân*, ebenso wie *û* und *îšân*, häufig ein *d* an; man sagt oft: *bi dân*, zu jenem, dazu, und *bi dînhâ*, zu diesen, statt *bi ân* und *bi înhâ*. In den Wörtern *imrûz*, diesen Tag (heute), *imšab*, diese Nacht (hinte), *imsâl*, dieses Jahr (heuer), ist die Sylbe *im* eine Verkürzung von *în*.

§. 46.

Relativ-Pronomen.

Die Relativ-Pronomina sind *ki*, wer, welcher, e, es, und *ci*, was, welches, von denen das erste sich auf Personen und Sachen, das zweite in der Regel nur auf Sachen bezieht. Beide erleiden keinerlei Veränderung und werden bei Singularen und Pluralen gebraucht. Beispiele sind: *dûst i tu râ dîdam, ki az Harât âmad*, ich sah deinen Freund, der von Herat kam; *ân, ci xvad-itân az û šinîda îd*, das, was ihr selbst von ihm gehört habt; *kitâbhâ, ki ân ġazalhâ râ mî dârand*, die Bücher, welche diese Gaselen (Gedichte) enthalten; *mâ, ki dûstân-at îm*, wir, die wir deine Freunde sind.

Gewöhnlich wird, wo *ki* oder *ci* in einem Casus obliquus stehen sollte, noch ein Personal-Pronom in jenem Casus, oder das entsprechende Personal-Suffix hinzugefügt, z. B. *barâdar-at, ki dîrûz dîdam û râ*, oder *ki dîrûz dîdam-aš*, dein Bruder, den ich gestern sah; *dûstân-am, ki ân ġazal râ šinîda î az îšân*, meine Freunde, von denen du jenes Gedicht gehört hast; *šumâ, ki kitâb râ na xvâham dâd-itân*, ihr, denen ich das Buch nicht geben werde. Bisweilen steht bei *ki*, auch wenn es Nominativ ist, noch ein Personal-Pronom abundirend, z. B. *k' û* (statt *ki û*), welcher.

Ein Substantiv im Singular, das durch einen Relativsatz näher bestimmt werden soll, wird oft mit dem *î* der Einheit versehen, z. B. ***mard-î, ki în râ kard,*** der (eig. ein gewisser) Mann, der dies that. Das deutsche „wer auch immer, was auch immer" wird ausgedrückt durch: ***har ki*** oder ***harân ki,*** und ***har ci*** oder ***harân ci.***

§. 47.

Interrogativ-Pronomen.

Als Interrogativ-Pronomina dienen ebenfalls ***ki,*** wer, und ***ci,*** was; ferner ***kî,*** wer (nur von Personen gebraucht), und ***kudâm*** oder ***kudâmîn (= kudâm în),*** welcher, e, es (von Personen und Sachen). ***Kî*** (und ***ki***) verhält sich seiner Bedeutung nach zu ***kudâm,*** wie im Englischen *who* zu *which;* man sagt daher: ***Kî bûd ân mard?*** Wer war jener Mann? — ***Barâdar-am.*** Mein Bruder. — ***Kudâm az barâdarân-at?*** Welcher von deinen Brüdern?

Die Interrogativ-Pronomina können die Casus bildenden Partikeln annehmen, aber nicht das Pluralzeichen, z. B. ***az kî (ki) bihtar îd?*** ihr seid besser als wer? ***kudâm râ dîda î?*** welchen hast du gesehen?

Ki und ***ci*** werden häufig mit der erweiterten Form des Verbum substantivum, ***hastam,*** zusammengesetzt zu ***kîstam, cîstam,*** wer (was) bin ich. Besonders oft gebraucht werden davon die 2. und 3. pers. sing. ***kîstî, cîstî,*** wer (was) bist du? und ***kîst, cîst,*** wer (was) ist es?

§. 48.

Cardinal-Zahlen.

Die Cardinal-Zahlwörter sind folgende:

1	***yak***	7	***haft***
2	***du***	8	***hašt***
3	***si***	9	***nuh***
4	***cahâr, câr***	10	***dah***
5	***panj (panc)***	11	***yâzdah***
6	***šiš***	12	***duvâzdah***

13	*sîzdah*	90	*navad*
14	*cahârdah*	100	*ṣad*
15	*pânzdah*	200	*duvîst, du ṣad*
16	*šânzdah*	300	*sîṣad*
17	*hafdah*	400	*cahâr ṣad*
18	*haždah, hajdah*	500	*pânṣad*
19	*nûzdah*	600	*šânṣad, šiš ṣad*
20	*bîst*	700	*hafṣad, haft ṣad*
30	*sî*	800	*hašṣad, hašt ṣad*
40	*cihil, cil*	900	*nuh ṣad*
50	*panjâh*	1000	*hazâr*
60	*šast (šaṣt)*	10000	*dah hazâr*
70	*haftâd*	100000	*lak, ṣad hazâr.*
80	*haštâd*		

Die einzelnen Zahlen zwischen 20 und 30, 30 und 40 etc. werden gewöhnlich ausgedrückt: 21 *bîst (u) yak*, 22 *bîst (u) du* u. s. w., seltener: 21 *yak bîst*, 22 *du bîst.* Bei mehr zusammengesetzten Zahlen steht immer die grössere vor der kleineren, z. B. 1862 = *(yak) hazâr hašt ṣad šaṣt (u) du.*

Die Cardinal-Zahlen haben immer sowohl die gezählten Gegenstände, als auch die davon abhängigen Verben im Singular bei sich. Man sagt daher: *sî u panj diraxt dar bûstân-am ast,* 35 Bäume sind in meinem Garten; *cahâr ṣad suvâr âmad,* 400 Reiter kamen. Dasselbe gilt in Bezug auf das Verb, wenn ein Zahlwort allein Subject ist, z. B. *si (az dûstân-imân) murda ast,* drei (von unsern Freunden) sind gestorben. Dagegen richtet sich die Copula nach dem Numerus des Subjects, sobald das Zahlwort als Praedicat auftritt, z. B. *diraxthâ i bûstân-am sî u panj and,* die (der) Bäume meines Gartens sind 35.

Ebenso verhält sich *bisyâr,* viel; *har* und *harân (har ân),* jeder, e, es; *cand* und *candân,* wie viel, soviel; *landak,* wenig, und ähnliche Wörter. Die zusammengesetzten Ausdrücke *har kas,* Jedermann, *har cîz,* Alles, *har du,* Beide, *har yak,* ein Jeder, sind Substantive und Singulare, die beiden letzten jedoch auch wirkliche Zahlwörter. *Hama,* alle, gilt als Plural, dagegen *hama-kas,* Jedermann, in der Regel als Singular.

Die lateinischen Distributiva drückt man durch Verdoppelung der Cardinalia, oft mit eingeschobenem *bâ* (mit, zu) aus, z. B. *du (bâ) du*, je zwei, zu zweien. Durch *cand* in Verbindung mit dem *î* der Einheit wird ausgedrückt: *etliche, einige*, z. B. *dirham-î cand*, einige Drachmen. *Hîc*, eig. etwas, irgend ein, mit folgender Negation, die jedoch in gemeiner Rede auch häufig wegbleibt, bildet *hîc cîz*, Nichts (eig. Etwas), *hîc kudâm* und *hîc kas*, Niemand (eig. irgend Jemand).

§. 49.

Ordinal-Zahlen.

Die Ordinal-Zahlen werden von den Cardinalien durch die Endung *um* gebildet, z. B. *cahârum*, der vierte, *bîstum*, der zwanzigste, *ṣadum*, der hundertste. *Yakum*, der erste, wird nur bei zusammengesetzten Zahlwörtern gebraucht, von denen stets nur das letzte (also kleinste) die Endung bekommt: *bîst u yakum*, der einundzwanzigste, *ṣad cihil yakum*, der hunderteinundvierzigste. Man gebraucht dafür, wenn es allein steht, *nuxust* oder *avval*, der erste. Etwas unregelmässig in ihrer Bildung sind folgende Ordinal-Zahlen: *duvum*, der zweite; *sîvum* und *sivum*, der dritte; *sîum* und *siyum*, der dreissigste.

Die Ordinalien sind, ihrem grammatischen Verhalten nach, vollständige Adjective. Man sagt daher: *kitâb i panjum*, das fünfte Buch, *ġazal i sî u šišum*, die sechsunddreissigste Ode (Gasel). Sie können jedoch, gleich den Adjectiven, auch als Substantive angewandt werden und, als solche, Einheits- und Plural-Zeichen bekommen, z. B. *sîvum i mâ*, der dritte von uns; *cahârum-î*, ein vierter; *dahumân*, die zehnten. Ebenso verhält sich in dieser Hinsicht *yak*, der Eine, und *dîgar (digar)*, der Andere; man sagt: *yak-itân*, der Eine von euch; *yak-î*, Einer; *yakân*, die Einen; *dîgar-î*, ein Anderer; *digarân*, die Anderen. Manche Dichter, wie *Firdavsî*, wenden sogar häufig *yak-î* statt des einfachen Zahlwortes *yak* oder des *î* der Einheit an (vgl. No. 20, v. 1 der Chrest.). *Yak-dîgar* ist das deutsche *einander, gegenseitig; bâ yak-dîgar*, mit einander, d. i. zusammen.

III. Partikeln.

§. 50.

Adverbien.

Der eigentlichen Adverbien giebt es im Persischen sehr wenige, wie: *ham,* zusammen, zugleich; *na, nî* und *nâ,* nicht, nein; *ma* (nur vor Imperativen), nicht, dass nicht; *ârî,* sowie das arabische *balà,* im gemeinen Leben *balî* gesprochen, ja, gewiss; *bâz,* wieder, zurück; *fardâ,* morgen; *dî,* gestern; *furû* (vor Vocalen *furûd*), unterhalb; *darûn* und *andarûn,* darin, innerhalb; *bîrûn* und *birûn,* ausserhalb, hinaus; *pîš*, vorher; *kû,* wo, wohin; *cun,* wie; *cand,* wie viel, wie sehr; *aknûn* und *kunûn,* jetzt, nun u. s. w. Zu bemerken ist, dass *na* und *ma,* wenn sie vor vocalisch anlautenden Verben stehen, in *nay* und *may* verwandelt werden, z. B. *nay âmad,* er kam nicht; *may âr,* bringe nicht; dagegen *na pursîd,* er fragte nicht; *ma purs,* frage nicht. Die Hülfspartikel *bi* fällt nach *na* und *ma* in der Regel aus.

Oft werden andere Wörter als Adverbien gebraucht, ohne in der Form eine Aenderung zu erleiden. Jedes Adjectiv kann als Adverb dienen, besonders häufig jedoch die auf *âna* (vgl. §. 39). Diese Endung entspricht in so fern den Adverbial-Endungen anderer Sprachen, als sie oft an Adjective gehängt wird, die jedoch in solchen Fällen substantivisch zu denken sind, z. B. *dilîrâna,* auf kühne Weise, einem Kühnen *(dilîr)* ähnlich oder entsprechend. *Xayr,* eigentlich *wohl, gut,* wird von höflichen Persern oft gebraucht statt *nâ,* nein, nicht. *Bisyâr,* viel, ist der gewöhnlichste Ausdruck für das adverbiale *sehr.*

Die Zahladverbien: *einmal, zweimal* etc. werden durch Verbindung des Wortes *bâr,* mal, mit den Cardinal-Zahlen ausgedrückt, z. B. *du bâr,* zweimal, *si bâr,* dreimal. Anstatt *yak bâr,* einmal, sagt man auch häufig *bâr-î,* im gemeinen Leben auch wohl, doch mit Unrecht, pleonastisch *yak bâr-î.*

Um auszudrücken: *erstens (zuerst), zweitens* etc. bedient man sich entweder der blossen Ordinal-Zahlen: *nuxust, duvum, sivum (sivum)* etc., oder man hängt ihnen die Endung *în* an, z. B. *nuxustîn* oder *avvalîn,* zuerst (erstens), *duvumîn,* zu zweit (zweitens). Oft verbindet man auch mit den Ordinal-Zahlen das Wort *martaba,* Grad, z. B. *avval martaba,* zuerst (den ersten Grad), *duvum martaba,* zweitens. Endlich wendet man häufig die arabischen Formen: *avvalâ,* erstens, *sâniyâ,* zweitens, *sâlisâ,* drittens, *râbi'â,* viertens, u. s. f. an.

§. 51.

Zusammengesetzte adverbiale Ausdrücke.

Bei weitem die meisten Adverbien anderer Sprachen werden durch Zusammensetzungen wiedergegeben, die jedoch mit der Zeit oft zu einem Worte geworden sind, z. B. *înjâ (în jâ),* hier, *ânjâ,* dort, *kujâ (ki jâ),* wo, wohin, *imrûz,* heute, *imšab,* diese Nacht, *imsâl,* heuer, *pârsâl* oder *pârîn,* voriges Jahr, *hamvâra* oder *hamîša,* immer. Getrennt geblieben sind: *ci ķadr,* wie viel, *în zamân,* jetzt, *sâl i dîgar,* nächstes Jahr, *bisyâr bâr* oder *bârhâ* (pl. v. *bâr*), oftmals, *har sâla,* jedes Jahr (jährlich), *bî šak* oder *lâ-šak*, ohne Zweifel u. a. m.

Bisweilen dienen sogar Verbalformen als Adverbien, z. B. *šâyad,* vielleicht (eig. es ist möglich). Aehnliches bezeichnet auch *bâšad* (eig. es ist), *tuvânad* (eig. es kann) und *bûki* (contr. aus *buvad ki,* es mag sein, dass). Das deutsche *warum? wozu?* wird gewöhnlich durch *cirâ,* Accusativ des Interrogativ-Pronoms *ci,* ausgedrückt.

Die Redensart *u bas,* und genug, vertritt die Stelle des deutschen *nur* und kommt stets an's Ende eines Satzes, z. B. *du sâ'at bâ man bûd u bas,* nur zwei Stunden war er bei mir. Oft wird sie im Zusammenhange mit *hamîn,* gerade so viel, und *tanhâ,* allein, angewandt, z. B. *hamîn yak bâr az man pursîd u bas,* (gerade) nur ein mal fragte er mich; *man tanhâ az tu šikâyat mî kunam u bas,* nur über dich (allein) beklage ich mich.

§. 52.

Praepositionen.

Auch der wirklichen Praepositionen giebt es im Persischen nicht viele; die vorzüglichsten sind: *az* oder *zi* (meist in der Poesie), aus, von; *bi*, zu, bei; *bâ*, mit, bei; *bî*, ohne; *bar* und *abar*, auf, über; *dar*, in. Die beiden letzten haben oft das Genitiv-Zeichen *i* nach sich, während die übrigen dem regierten Worte, welches dadurch keine Veränderung erleidet, unmittelbar vorgesetzt werden.

Andere Verhältnisse werden durch persische und arabische Nomina oder Adverbien ausgedrückt, die in der Regel das Genitiv-Zeichen *i* oder eine wirkliche Praeposition nach sich haben, z. B. *pîš i* oder *pîš az*, seltener *pîš* allein, vor; *miyân i*, selten bloss *miyân*, zwischen; *ba'd az*, nach (von der Zeit). Bisweilen wird auch eine Praeposition dergleichen Wörtern noch vorgesetzt, z. B. *az pas i*, hinter; *az barâ i*, wegen; *az bar i*, (contr. zu *zabar i*), über; *bi bâlâ i*, über; *bi miyân i*, mitten in.

§. 53.

Conjunctionen.

Die hauptsächlichsten einfachen Conjunctionen sind: *va* und *u*, und, wovon das erste besonders dazu dient, ganze Sätze oder Wörter, die ihrem Begriffe nach sich ferner stehen, zu verbinden, während das zweite bei einzelnen Wörtern gebraucht wird, die Gleiches oder Aehnliches bedeuten, oder die überhaupt zusammen gehören, z. B. *padar u mâdar*, Vater und Mutter, d. i. Eltern. Ferner: *nîz*, auch; *yâ*, oder (*yâ — yâ*, entweder — oder); *juz*, ausser, ausgenommen; *bal*, *lîkan*, *ammâ*, aber, vielmehr; *agar* und *gar*, wenn; *ki*, dass, weil, ob; *ci*, weil; *tâ*, bis dass, damit. *Ki* wird fast regelmässig angewandt, um die Rede Jemandes, die stets direct angeführt wird, einzuleiten, z. B. *guft, ki: bîmâr am*, er sagte: ich bin krank, wofür wir im Deutschen sagen würden: er sagte, er sei krank. *Tâ* steht bisweilen nach Zahlwörtern, ohne ihre Bedeutung wesentlich zu verändern, z. B. *yak tâ*, Einer (auch wohl je Einer), *du tâ*, zwei (je zwei). Wenn die Conjunctionen *ki*, *tâ* u. a. einen Finalsatz einleiten, so bleibt in der Regel die Partikel *mî* oder *hamî* beim Verbum weg.

Als Conjunctionen werden auch manche Adverbien, Nomina und andere Wörter gebraucht, wie *ham* (eig. zusammen), auch, zugleich; *pas* (eig. hinter), ferner, darauf; *zîrâ*, weil; *xvâh — xvâh* (eig. Wille — Wille), sei es — sei es, u. dgl. — Endlich werden oft Zusammensetzungen angewandt, um Conjunctionen anderer Sprachen auszudrücken, z. B. *har cand (ki)*, wie sehr auch immer, obgleich; *binâbar în (ki)*, *zîrâ ki*, *zîrâ ki*, (für *az în rûy ki*), *az (în) jihat* (oder *sabab*) *ki*, weil; *hamcun*, *hamcu*, *cunîn*, *cunânci*, *cunânki*, sowie; *magar* (für *ma gar*), nach Negationen: *nur*, wie das lat. *nisi*, sonst: *wenn nicht*. Natürlich werden auch oft Conjunctionen mit andern zusammengesetzt, wie *va agar* oder *va gar*, und wenn, wenn auch; *va yâ*, oder aber; *va lîkan* (contr. zu *valîk* und *valî*), aber, dessenungeachtet; *bal ki*, sondern, vielmehr, vielleicht auch; *agarci*, *garci* und *va garci*, wenn auch, obgleich. *Yâ na*, oder nicht, dient oft dazu, einen Fragsatz als solchen näher zu bezeichnen, z. B. *az šahr mî âyî, yâ na?* kommst du aus der Stadt (oder nicht)? während derselbe Satz ohne *yâ na* auch heissen könnte: du kommst aus der Stadt, da man in arabisch-persischer Schrift ein Fragzeichen nicht kennt.

§. 54.

Interjectionen.

Die Interjectionen bestehen, wie in allen Sprachen, zum Theil aus besondern, an und für sich bedeutungslosen Sylben, wie *âh*, ach; *ay* und *hay*, o; *vâhvâh* oder *bahbah*, bravo! *vây*, auch wohl *vâvaylâ*, ach, wehe; *uf*, pfui; und das arabische *yâ*, o, ach. Sehr häufig jedoch werden persische und arabische Nomina, auch wohl ganze Phrasen, als Interjectionen in die Rede eingeschoben, z. B. *afsûs* und *darîġ*, leider; *ḥayf*, Schade; *amân* und *daxl*, Gnade, Schonung; *faryâd*, Hülfe; *bî-dâd*, Ungerechtigkeit; *yâ rab*, o Herr (Gott); *marḥabâ*, willkommen; *âfrîn*, vortrefflich; *mâ (in)-šâ-Allâh*, was (wenn) Gott will; *mabâdâ* (statt *ma buvad*), mag es nicht geschehen, das sei ferne; *fuġân* oder *afġân*, o Jammer!

Înak, siehe da, ist eine Diminutivform von *în*, dieses, sowie *hîn* und *hân*, siehe, horch, aspirirte Formen der Pronomina *în* und *ân* sind.

Anhang A.

§. 55.

Quantität der Sylben.

Von Natur sind alle Sylben kurz, welche kurze Vocale *(a, i, u)* enthalten, lang diejenigen, welche gedehnte Vocale (*â* und *à, î, û*) haben. Eine eigentlich kurze Sylbe wird jedoch in der Metrik als lang angesehen, wenn ihr Vocal durch mehr als einen Consonanten von dem Vocale der folgenden Sylbe getrennt ist, z. B. *har kas* (— ⏓), dagegen *harân* (⏑ —); *az man* (— ⏓), dagegen *az û* (⏑ —); *hoft iklîm* (— — —); *maydân* (— —), dagegen *may âr* (⏑ —); *davlat* (— ⏓); *bi n'šînî* (— — —), für *bi nišînî* (⏑ ⏑ — —); *bi š'tâft* (— —), für *bi šitâft* (⏑ ⏑ —). Als Consonanten werden hierbei auch die arabischen Zeichen (ʿ) und (ʾ) betrachtet, also: *iʿtimâd* (— ⏑ —), *Ḳur'ân* (— —), *ta'rîx* (— —).

Kurze Vocale am Ende von Worten *(a, u)* oder als besondere Wörtchen *(i, u)* werden in der Poesie oft als lang gebraucht, z. B. *banda* (— ⏓), *tu* (⏓), *xâna i vay* (— ⏓ ⏓ ⏓). *padar u mâdar* (⏑ ⏑ ⏓ — ⏓). Ebenso können kurze geschlossene Sylben am Ende von Versen auch als lang gelten, wie an den vorigen Beispielen schon gezeigt ist.

Sylben, die auf *î* oder *û* auslauten, können, wenn die folgende Sylbe mit einem Vocale anfängt, auch als kurz gebraucht werden, indem man sich diese Laute zu *iy* oder *uv* distrahirt denkt, was innerhalb der Wörter gewöhnlich auch durch die Schrift ausgedrückt wird, z. B. *buvad* für *bûad*, *ziyam* für *zîam*. Als Beispiel kann *Firdavsî's* Vers (No. 19 v. 10) dienen:

Cirâ raftî u burdî ârâm i man?

Warum gingst du und nahmst meine Ruhe mit?

wo nach dem Metrum *Mutaḳârib* (⏑ — — | ⏑ — — | ⏑ — — | ⏑ —) zu lesen ist:

Cirâ raftiy u burdiy ârâm i man.

Xv am Anfange eines Wortes gilt nur als einfacher Consonant, daher: *zi xvâb* (⏑ —).

§. 56.

Metrik.

Die Bezeichnung der Versfüsse geschieht im Persischen wie im Arabischen durch Formen des arabischen Verbs *fa'ala*. Die gewöhnlichsten der 27 Füsse, welche die arabischen Metriker annehmen, sind: *maf'ûlu* (— — ⏑), *fu'ûlun* (⏑ — —), *fâ'ilun* (— ⏑ —), *fâ'ilâtu* (— ⏑ — ⏑), *mufâ'ilun* (⏑ — ⏑ —), *mufta'ilun* (— ⏑ ⏑ —), *mafâ'îlu* (⏑ — — ⏑), *mafâ'îlun* (⏑ — — —), *maf'ûlâtu* (— — — ⏑).

Durch Aneinanderfügen von drei bis vier Füssen derselben oder verschiedener Art entsteht ein Vers (Hemistichion). Die meisten der Metra, welche persischen Versen zu Grunde liegen, sind den Arabern entnommen, welche deren 16 zählen; nur wenige sind den Persern eigenthümlich, darunter das Metrum des *Rubâ'î* oder persischen Tetrastichons:

— — ⏔ — | ⏓ ⏓ ⏑ — | — ⏔ —

Einige Metra bestehen aus zwei gleichen Hälften, zwischen denen eine Caesur stattfindet, z. B. das eine derer, die den Gesammtnamen *Hazaj* führen und besonders zu lyrischen Gedichten (Gaselen) verwandt werden:

a) — — ⏑ | ⏑ — — — ‖ — — ⏑ | ⏑ — — —

nach orientalischer Bezeichnung:

maf'ûlu mafâ'îlun ‖ *maf'ûlu mafâ'îlun.*

Andere häufig vorkommende Formen des Metrums *Hazaj* sind:

b) ⏑ — — — | ⏑ — — — | ⏑ — —

c) — — ⏑ | ⏑ — ⏑ — | ⏑ — —

d) ⏑ — — — | ⏑ — — — ‖ ⏑ — — — | ⏑ — — —

Ferner werden häufig gebraucht die Metra *Ramal:*

a) — ⏑ — — | ⏓ ⏑ — — | ⏓ ⏑ —

b) — ⏑ — — | ⏓ ⏑ — — | ⏓ ⏑ — — | ⏓ ⏑ —

Xafîf:

— ⏑ — — | ⏑ — ⏑ — | ⏔

Mużâri':

— — ⏑ | — ⏑ — ⏑ | ⏑ — — ⏑ | — ⏑ — .

Mujtaṡṡ:

⏑ — ⏑ — | ⏑ ⏑ — — | ⏑ — ⏑ — | ⏔ —

Munsariḥ:

— ⏑ ⏑ — | — ⏑ — ⏑ | — ⏑ ⏑ —

Besonders zu merken ist das Metrum *Mutaḳârib*, in welchem vorzüglich die alten iranischen Heldenlieder gedichtet sind:

⏑ — — | ⏑ — — | ⏑ — — | ⏑ — (—)

Was den Reim anbetrifft, so kann derselbe ein- und mehrsylbig sein. Einen fünfsylbigen Reim hat z. B. das Gedicht der Chrestomathie No. 15. Man unterscheidet Gedichte mit durchgehendem und mit wechselndem Reim. Bei den ersteren gehen sämmtliche geradzahligen Hemistichien (Verse), denen sich in der Regel auch noch das erste Hemistichion des ganzen Gedichts anschliesst, auf denselben Reim aus; bei den letzteren reimen je zwei Hemistichien, die zusammen eine Strophe *(Bayt)* bilden, unter sich, aber nicht mit denen anderer Strophen. Ein Beispiel der ersten Art ist das Gedicht No. 14, ein Beispiel der zweiten No. 19.

Um ein Gedicht richtig lesen zu können, ist noch Folgendes zu merken: Am Ende der Wörter ist häufig, um das Metrum zu füllen, ein kurzer Hülfsvocal *(i)* anzuhängen, der keine grammatische Bedeutung hat. Dasselbe geschieht nach langen Vocalen oft auch innerhalb der Wörter. So ist z. B. der Vers aus einem Gasel *Xâḳânîs* (No. 16, v. 3):

Ṣad bazm bi ârâyî har jây, ki bi n'sînî

(Hundert Gastmähler zierst du überall, wo du dich niederlässest) nach dem Metrum *Hazaj* (a) folgendermassen zu lesen:

Ṣad bazmi | bi ârâyî || har jâyi | ki bi n'sînî.

Ebenso der Vers aus *Firdavsîs* Klage um den Sohn:

Magar hamrahân i juvân yâftî

(Vielleicht hast du junge Reisegefährten getroffen) nach dem Metrum *Mutaḳârib:*

Magar ham | rahân i | juvân yâ | ftî.

Anhang B.

§. 57.

Zeitrechnung.

Die Perser rechnen gegenwärtig, wie alle Muhammedaner, nach Mondjahren. Das Mondjahr umfasst einen Zeitraum von 12 Umdrehungen des Mondes um seine Achse (synodische Monate), d. i. von 354,367044 Tagen; es ist also beinahe 11 Tage kürzer als das tropische (Sonnen-) Jahr. Die Namen der 12 Monate sind:

(al-) Muḥarram	mit	29	Tagen,
Ṣafar	„	30	„
Rabî'-al-avval	„	30	„
Rabî'-al-âxir	„	29	„
Jumâdù-'l-ûlà	„	30	„
Jumâdà-'l-âxira	„	30	„
Rajab	„	29	„
Ša'bân	„	29	„
Ramažân	„	30	„
Šavvâl	„	29	„
Zû (Zî)-'l-ḳa'da	„	29	„
Zû (Zî)-'l-ḥijja	„	30	„

Die bei dieser Eintheilung vernachlässigten Bruchtheile betragen in 30 Jahren fast genau 11 Tage, welche in den Jahren 2, 5, 7, 10, 13, 16, 18, 21, 24, 26, 29 einer 30jährigen Periode am Ende des letzten Monats *(Zû-'l-ḥijja)* eingeschaltet werden.

Die muhammedanische Aera beginnt mit der Flucht *(Hijra)* des Propheten nach Medina, am 15. Juli (alten Styls) 622. Am 29. Juni (neuen Styls) 1862 begann das Jahr 1279 der *Hijra.* Vor der Bekehrung zum Islam rechneten die Perser nach Sonnenjahren, deren erster Monat, *Farvardîn,* mit dem Frühlings-Aequinoctium begann.

Die persischen Namen der Wochentage *(ayyâm i hafta)* sind: ***Šanba*** (Sonnabend), ***Yak-šanba*** (Sonntag), ***Du-šanba*** (Montag), ***Si-šanba,*** (Dienstag), ***Cahâr-šanba*** (Mittwoch), ***Panj -šanba*** (Donnerstag), ***Jum'a*** oder ***Âdîna*** (Freitag), an dem die Geschäfte ruhen.

Chrestomathie.

Aus Mîrzâ Muhammad Ibrâhîms Grammatik.[1]

No. 1.

Pferdehandel (Gespräch).

A. (Reisender Engländer.)

Man[2]*) az ân asb i kahar zaylî xvaś-am*[3]*) mî âyad.
Šumâ*[4]*) ci mî gûyîd?*

B. (Gebildeter Perser.)

Xûb asb-î 'st[5]*), ammâ man ân kuran râ bihtar mî
pisandam; çand tâ*[6]*) niśân*[7]*) i bisyâr xûb dârad!*

---

[1] *Mîrzâ Muhammad Ibrâhîm,* ein gelehrter Perser und
Professor des Arabischen und Persischen am East-India-Col-
lege zu Haileybury, gab 1841 (in London bei Allen & Co.)
eine persische Grammatik in englischer Sprache heraus. Die
deutsche Umarbeitung derselben von Prof. Fleischer erschien
1847 (in Leipzig bei Brockhaus & Avenarius). No. 1 und 2
sind Stücke von Gesprächen, welche, zur Erläuterung der
Syntax, jenem Werke beigefügt sind. Die Sprache derselben
ist die der höheren Stände des heutigen Persiens.

[2] *man,* ich, steht hier des Nachdrucks wegen pleonastisch,
da *xvaś-am* allein schon deutlich genug sein würde. Logisch
richtig müsste es eigentlich heissen: *ma râ,* mir.

[3] *xvaś-am âyad* für: *xvaś ma râ (bi man) âyad,* es
gefällt mir.

[4] *šumâ,* ihr, dient auch dazu, einen Einzelnen anzureden,
wenn derselbe höher steht als der Sprecher, oder doch gleich
mit ihm. Leute niederen Standes, gute Freunde und Kinder
redet man mit *tu* an. Fürstliche Personen werden in der
3. pers. sing. oder pl. angeredet, wobei zu ergänzen ist: Ew.
Majestät, Hoheit etc.

[5] *xûb asb-î,* oder *asb i xûb-î,* oder *asb-î xûb,* ein
schönes Pferd (vgl. §. 41). — *'st* abgekürzt für: *ast.*

[6] *tâ* steht oft, besonders bei Zahl-Angaben, pleonastisch
(vgl. §. 53).

[7] Gezählte Gegenstände stehen im Singular (vgl. §. 48).

A.

Râst ast; ammâ bi salîka i man andak-î[8]) *kûcik ast. Agar ân asb nîm vajab balandtar bûd*[9]), *har-ci mî guftî*[10]), *mî arzîd.*

Dallâl.

Ṣâḥib, asb i 'Arabî i xâliṣ kamtar[11]) *az în balandtar ittifâk mî uftad*[12]). *Bi sar i xvad-at*[13]), *ki dar ṭavîla i šâh-zâda ham az în bihtar asb bi ham na mî rasad. Ammâ ci żarûr*[14]), *ki man ta'rîf-aš bi kunam? Šumâ xvad-itân, mâ-šâ-Allâh*[15]), *ki xûb asb mî šinâsîd u rafîk-itân ham, ki xvad-aš asb-šinâs i tamâm-î 'st.*

A.

Tu mî gûyî, ki asb i 'Arabî kamtar az în balandtar ittifâk mî uftad; magar ân kahar 'Arabî nîst?[16])

Dallâl.

Ân asb i kahar ham kâbiliyyat i suvârî i šâh râ dârad[17]). *Ân du-raga ast, 'Arabî u Turkmânî; ammâ rag i 'Arabî-'š*[18]) *bîštar ast.*

B.

Az ân ablak ci mî gûyî? Bi bîn[19]), *ci sar u gardan i makbûl-î dârad!*

---

[8]) *andak-î*, ein Wenig, etwas.

[9]) *agar — bûd, — arzîd*, wenn — wäre, so wäre es — werth.

[10]) *guftî*, du sagtest, hier = du fordertest als Preis.

[11]) *kamtar*. Der Comparativ drückt hier das deutsche ziemlich aus.

[12]) *uftad* von *uftâdan*, fallen, geschehen, hier so viel wie: *sein*.

[13]) *bi sar i xvad-at*, bei deinem eigenen Haupte, eine gewöhnliche Schwurformel, wobei zu ergänzen ist: *schwöre ich*. Es folgt stets auf dergl. Formeln die Conjunction *ki*, dass.

[14]) *żarûr*. Zu ergänzen ist: *ast*.

[15]) *mâ-šâ-Allâh*, was Gott will. Diese arabische Phrase wird häufig eingeschoben, um eine Aussage zu bekräftigen; auch hier folgt *ki*, das aber im Deutschen nicht übersetzt zu werden braucht. Aehnlich wendet man auch die Redensart *in-šâ-Allâh*, wenn Gott will, an (vgl. §. 54).

[16]) *nîst* contr. für *na hast* oder *nay ast* (vgl. §. 23).

[17]) *kâbiliyyat — dârad*, hat Geschicklichkeit zum Reiten des Königs, d. h. ist geeignet, selbst vom Könige geritten zu werden.

[18]) *-š* abgekürzt für *-aš*.

[19]) *bi bîn*, Imperativ von *dîdan*, mit der Partikel *bi*.

A.

Az ḥaysiyyat i tarkîb bad asb-î na mî numâyad, agarci sîna-aś andak-î tang ast; ammâ na mî dânam, cirâ man az asb i ablak har-giz xvaś-am[20]) *na mî âyad, har-cand xvaś-rag bâśad.*

B.

Ân amr-î 'st 'alà-ḥida. Ammâ agar asb xvaś-rag u xvaś-niśân bâśad, man bi rang-aś kamtar[21]) *nigâh mî kunam.*

A.

Bi har ḥâl man az în śiś tâ asb[22]) *hamân kahar u kumait râ mî pisandam u bas*[23]).

B.

Ân asb i samand râ na mî pisandî? Man xaylî ta'ajjub mî kunam. Bi bîn, ci ḳadr śakîl ast! Dar ḥusn u niśân ân asb bi i'tiḳâd i man tamâm ast. Puśt i kûtâh, śâna i 'arîż, sîna i vasî', miyân i bârîk, śalvâr i guśâda[24]), *sâḳhâ i pâk u râst, pîsânî i pahan, caśmhâ i siyâh i śahlâ, gûśhâ i ḳalamî; sar u gardan i śakîl, dandânhâ i sifîd, xvaś andâm, xvaś ḥarakat; hama ruy ham rafta*[25]) *hîc niśân i xûb-î nîst, ki în asb na mî dârad.*

M.

Magar în, ki man az în du tâ xaylî xvaśtar-am mî âyad[26])*; va agar ṣâḥib-iśân sar i mu'âmalat dâśta*[27]) *bâśad, man mużâiḳat na dâram, ki har du râ bi xiram.*

Dallâl.

Xâṭir i śumâ az[28]) *ân bâbat jam' bâśad*[29])*, ṣâḥib! Śuġl i man asb furûxtan ast, u śakk na dâram, ki muśtarî az*

---

[20]) vgl. Anm. 2.

[21]) vgl. Anm. 11.

[22]) vgl. Anm. 6 und 7.

[23]) *kumân — u bas* = nur (vgl. §. 51).

[24]) offene Hosen, d. i. bei Pferden: breiter Raum zwischen den Schenkeln.

[25]) *hama — rafta*, Alles zusammengenommen.

[26]) *xvaśtar-am âyad*, es gefällt mir besser. Nach Zahlwörtern *(du)* steht das Verbum im Singular (vgl. §. 48).

[27]) *sar dâśtan* ist hier soviel wie: *Lust haben.*

[28]) *az* ist hier = wegen, über.

[29]) *bâśad* conjunctivisch: *es sei.*

šumâ bihtar ham yâfta na mî šavad. Pas cirâ mu'âmal -imân na šavad?

A.

Barây i yak sabab i kull-î[30]*), va ân în ast, ki, agar ķîmat-išân râ xaylî bi xvâhî, ân vaķt*[31]*) muškil bâšad, ki mu'âmal-imân bi šavad.*

Dallâl.

Xudâ xayrat bi dihad[32]*), şâhib! În ci harfhâ 'st*[33]*), ki mî farmâyîd?*[34]*) Man az šumâ har-giz ķîmat i ziyâd na xvâham xvâst. Hama-kas ma râ mî šinâsad u hama mî dânand, ki hîc tâjir-î az man arzântar asb na mî tuvânad*[35]*) bi furûšad.*

A.

Ân râ imtiḥân bâyad[36]*) kard. — Xûb, ḥâlâ bi gû, az barây i ân asb i kahar cand mî xvâhî? Ķîmat i âxir-aš râ bi gû*[37]*), tâ kâr kûtâh šavad!*

Dallâl.

Ķîmat i âxir i âxir[38]*) i ân asb i kahar duvîst u sî tûmân ast, u ķîmat i asb i kuran duvîst u bîst tûmân, yâ har du bâ ham cahâr şad u panjâh tûmân.*

A.

Man na guftam, ki, agar ziyâd bi pursî, mu'âmal -imân na mî šavad? Cahâr şad u panjâh tûmân xaylî ziyâd ast!

Dallâl.

Bi sar i xvad-at, ki bisyâr arzân and! Agar man

---

[30]) *-î* pleonastisch, da schon *yak* vorausgegangen; dieser Pleonasmus kommt in der Sprache des gemeinen Lebens oft vor.

[31]) *ân vaķt,* zu der Zeit, d. i. dann; damals.

[32]) conjunctivisch zu nehmen = er mag geben.

[33]) *harfhâ ast.* Plurale von Abstracten und Namen lebloser Wesen haben gewöhnlich das Verb im Singular bei sich.

[34]) *farmûdan,* eig. befehlen, wird in gewählter Rede oft gebraucht, um das deutsche: *zu sagen* (oder *zu thun*) *geruhen* auszudrücken.

[35]) Ueber die Construction von *tuvânistan* vgl. §. 25.

[36]) Ueber *bâyistan* vgl. §. 27.

[37]) *gû* Imperativ von *guftan,* mit der Partikel *bi.*

[38]) der äusserste Preis des äussersten, d. i. der alleräusserste Preis.

ân du tâ asb râ bi Bûšihr bi firistam, tâjirhâ[39]) *i xvad-itân*[40]) *amân-išân na mî dihand*[41]), *va akallâ šiš ṣad tûmân barây-išân mî dihand. Az înjâ tâ Bûšihr ixrâjât i du tâ asb u yak mihtar*[42]) *dah tûmân ham na mî šavand. Ammâ man ḥâlâ vajh ẓarûr dâram u ṣabr na mî tuvânam bi kunam; šumâ xvad-itân asb šinâsîd u rafîk-itân ham, ki dar în bâb tamâm ast. Xvad-itân fakr bi kunîd u bi gûyîd, în asbhâ bi ḳîmat-î, ki man pursîdam, arzân and, yâ na?*

A.

Harci în ṣâḥib bi gûyad, ḳabûl mî kunî? Man bi har ḳîmat-î, ki û ḳarâr bi dihad, râẓî xvâham šud. Bî guẓâr, û dar miyân i mâ ḥakam bâšad.

Dallâl.

Agarci man hamcu[43]) *na mî dânam, ki išân*[44]) *bi sabab i rafâḳat i šumâ az inṣâf bi guẓarand*[45]), *ammâ, cun în ḳâʿida i xirîd u furûš nîst, man na mî tuvânam šarṭ bi kunam, ki har, ci išân bi farmâyand, bi gîram; ammâ hanûz muẓâiḳa nîst, ki har, ci ṣalâḥ bi dânand, bi farmâyand. Šâyad man râẓî xvâham šud.*

B.

Agar az man mî pursîd, man yak dafʿa mî gûyam, ki cahâr ṣad tûmân barây i har ân asb xûb ḳîmat-î 'st. Yak-î

---

[39]) *tâjirhâ* in gewöhnlicher Rede oft, wo man nach der Grammatik *tâjirân* erwarten sollte (s. §. 32).

[40]) Ihre Kaufleute, d. h. die Kaufleute Ihrer (der englischen) Nation.

[41]) *amân dâdan*, Gnade schenken, hier = verschonen, übrig lassen.

[42]) *mihtar*, eig. Anführer, hier = Wärter (der Pferde), Pferdeknecht.

[43]) *hamcu* steht hier pleonastisch, da *agarci* schon vorausgegangen. Leute von geringerer Bildung suchen ihrer Sprache oft durch Häufung von Conjunctionen mehr Zierlichkeit zu geben.

[44]) *išân*; der Plural für den Singular *û*, wie man auch wohl in andern Sprachen von einer dritten, aber anwesenden, Person aus Höflichkeit im Plural redet.

[45]) *az inṣâf guẓaštan*, die Billigkeit überschreiten, d. i. etwas Unbilliges thun, fordern.

bi dihad u dîgar-î bi gîrad, tâ mu'âmala xatm śavad. Man yak kalima i dîgar na dâram, ki bi gûyam.

A.

Man ham, cun bi śumâ ḥavâlat kardani, dîgar hîc na dâram, bi gûyam[46]*, u râżî am, ki cahâr ṣad tûmân râ bi diham. Agar mî xvâhad, bi gîrad, va illâ, xvad-aś bihtar mî dânad*[47]*.*

Dallâl.

Cahâr ṣad tûmân xaylî kam ast, ṣâḥib; ammâ, hamcu ki 'arż kardam, cun pûl bisyâr żarûr dâram, bâyad asbhâ râ bi farûśam — câra nîst.

A.

Bisyâr xûb! ḥâlâ hama durust ast. Bi gû, ki[48]*) ci mî xvâhî: vajh i naḳd, yâ barât? — Barây i man hîc tafâut na mî kunad.*

Dallâl.

Agar śafaḳat bi farmâyîd u yak barât-î bi dihîd, ki dar Manbaî bi śarîk i man dâda śavad, man az śumâ bisyâr śâkir xvâham śud.

A.

Albatta, hîc mużâiḳa nîst. Agar śumâ râ ziyâda zaḥmat na bâśad, fardâ ṣubḥ bi âyîd, yâ kas-î râ bi firistîd: barât âmâda xvâhad bûd.

Dallâl.

Luṭf i śumâ kam na śavad! Banda[49]*) xvad-am xidmat i śumâ mî rasam. —*

No. 2.

Die Ziege des *Axfaś.*

Axfaś yak-î az maśâhîr i naḥviyya i 'Arab ast. Gûyand[1]*), ki dar mabâdî i taḥṣîl-aś, bi sabab i ân, ki*

---

[46]) *dîgar — gûyam,* ich habe nichts Anderes zu sagen.

[47]) er selbst weiss besser (am besten); zu ergänzen ist: was er zu thun hat.

[48]) *ki* steht pleonastisch, wenn die directe Rede Jemandes angeführt wird (vgl. §. 53).

[49]) *banda,* der Sclav, ist höfliche Umschreibung für: *ich,* wenn man zu höher Stehenden redet. —

[1]) *gûyand* = man sagt (vgl. §. 42).

takrîr-î bad[2]) *dâšt, yâ ân, ki hanûz 'ilm-î, ki lâiḳ i takrîr bâšad, na mî dâšt, yâ har du — Xudâ bihtar mî dânad; ammâ în mu'ayyan ast, ki dar ân vaḳt tilmîẓ-î na mî tavânist yâft, ki ân, ci bi istifâda yâ muṭâla'a ḥâṣil hamî kardî*[3]), *bi vay takrâr numûdî va bi dîn vasîlat fahm i xvad râ tîz gardânîdî.*

Va šumâ în râ bâyad bi dânîd, ki dar bilâd i mašriḳiyya dar miyân i ṭullâb takrâr i ân, ci az mudarris iḳtibâs karda and, bâ yak-dîgar yâ bi talâmîẓ i dîgar ahamm ast az iṣġâ numûdan bi mudarris. Va în maṯal i 'Arabî dar miyân-išân mašhûr ast, ki: „ad-darsu ḥarfun, va 't-takrâru alfun"[4]).

Bi har ḥâl Axfaš i miskîn muddat-î madîd afsurda u mahmûm mî bûd, va mutaḥayyar, ki[5]) *talâfî i 'adam i tilmîẓ râ cigûna numâyad. Bi-'l-âxira xayâl-aš bi în tamhîd bar xvard*[6]); *yak bâz-ġâla i kûcik-î xirîd u dar kûcikî ân râ âmûxt, tâ ân, ki bi tadrîj dar ân, ci Axfaš az ân manẓûr dâšt, ki bi 'amal âvard*[7]), *kâmil gardîd. Va ân în bûd, ki, tâ Axfaš kitâb-î râ bâz kardî u pîš i xvad nihâdî, buzak nîz bi-'l-favr dar ân ṭaraf i kitâb bar jastî u dar muḳâbil i Axfaš, har dû dast xam karda, bar zânû mî istâd u, har du cašm bar rûy i mu'allim naṣb karda, dar kamâl i tavajjuh mî mând.*

Axfaš binâ i ifâda mî kard, va har-gâh bi âxir i mas'ala-î yâ bi vaḳf-î rasîdî, rû bi buz kardî[8]) *va bi âvâz-î*

---

[2]) *takrîr-î bad*, ungewöhnlicher für: *bad takrîr-î*.

[3]) *kardî*, 3. pers. sing. Praeteriti mit angehängtem *î* und conjunctivischer Bedeutung (vgl. §. 19). Ebenso die folgenden: *numûdî* und *gardânîdî*.

[4]) Arabisches Sprüchwort: Die Vorlesung ist **ein** Wort, und (aber) die Wiederholung **tausend**.

[5]) *ki* dient hier zur Einleitung einer indirecten Frage. Es bleibt im Deutschen unübersetzt, da *cigûna* allein schon genügt, den Satz an das Vorige anzuschliessen. Uebrigens vgl. §. 53.

[6]) er hatte Theil an diesem Auswege, d. h. er verfiel auf diesen Ausweg.

[7]) *bi 'amal âvardan*, in's Werk setzen, vollbringen.

[8]) *rû kardan bi* = ansehen. Ueber *kardî* und ähnliche Formen vgl. Anm. 3.

balandtar[9]) *pursîdî, ki: „fahmîdî"?* *Va buz gûyî*[10]) *dar javâb si bâr sar i xvad râ junbânîdî u gûyâ guftî: „balî"*[11]).

Va „buz i Axfaš" az ân vakt kinâyat šuda ast mar ašxâṣ i sâda lavḥ-î râ[12]), *ki dar sar i xvad maġz-î, garmtar az buz*[13]) *i Axfaš, na dârand, va mânand i hamân jân-var nîz, cun dar munâẓirât*[14]) *i ʿakliyya-î, ki az ân*[15]) *mutlakâ xabar-î na dârand, baḥs-î mî ravad, sar u rîš-î*[16]) *mî junbânand, yaʿnî, ki: „mâ ham mî fahmîm". —*

Aus Aʿsam Kûfîs[1]) Annalen.

No. 3.

Yazdjards, des letzten *Sâsâniden*, Tod.

Ahl in Marv cun dânistand[2]), *ki û (Yazdjard), girîxta az Fâris, bi dîn ḥudûd rasîda ast, û râ išmâtat kardand u*

---

[9]) mit lauterer Stimme.

[10]) *gûyî* ist eig. 2. pers. sing. praes., das folgende *gûyâ* abgek. Participium Praesentis von *guftan.* Beide drücken aus: *so zu sagen, gleichsam.*

[11]) *balî* sagt man im gewöhnlichen Leben oft statt des richtigeren *balâ*, ja.

[12]) *râ* steht oft pleonastisch, wenn *mar* schon vorausgegangen.

[13]) Logisch richtiger sollte der Ausdruck eigentlich heissen: *garmtar az maġz i buz. Maġz i garm*, warmes Gehirn, bezeichnet im übertragenen Sinne: *Klugheit*, sowie *lavḥ i sâda*, einfache Tafel: *schwachen Verstand.*

[14]) *munâẓirât* ist zwar arabischer Plural, wird jedoch hier als solcher nicht gefühlt, da das folgende *î* der Einheit dazu gehört.

[15]) *ki az ân* = von welchem (welchen), auf *munâẓirât* bezogen (vgl. §. 46).

[16]) *-î* bleibt bisweilen im Deutschen unübersetzt, z. B. hier: *Kopf und Bart.* —

[1]) Den Beinamen *Kûfî* führt dieser Geschichtschreiber nach seinem Geburtsorte *Kûfa*, einer bekannten Stadt der Landschaft *ʿIrâk*.

[2]) Das Collectiv *ahl* ist hier, wie anderwärts oft, mit dem Plural verbunden. Nach *Marv*, einer Stadt im nördlichsten Theile Irans, war *Yazdjard* III., der letzte König aus dem Stamme der *Sâsâniden*, vor den siegreichen Heeren des Chalifen geflohen.

ihânat guftand u mî xvâstand, ki û râ bi gîrand u bi kušand. Pas bi Ṭanjṭâx, malik i Turk, nâma nuvištand, ki: „Pâdišâh i 'Ajam az piš i 'Arab bi girîxta u nazdîk i mâ âmada ast; va mâ û râ havâ-xvâh nîstîm u tu râ az û dûsttar mî dârîm u mî xvâhîm, ki nazdîk i mâ âyî, tâ û râ az ham bi guzârîm[3]) *u šahr*[4]) *bi tu taslîm kunîm.*"

Cun nâma i Marviyân bar Ṭanjṭâx, pâdišâh i Turk, rasîd, ḳaṣd i Marv kard u bâ laškar i anbûh bi jânib i Marv ravân šud[5]). *Cun Yazdjard az âmadan i Ṭanjṭâx u laškar vuḳûf yâft, dar nîm i šab az sarây, ki*[6]) *furû âmada bûd, tanhâ bîrûn âmad; va hîc-kas az ġulâmân u xidmat-kârân ham-râh i û na bûd; va na mî dânist, ki kujâ rûd yâ rah*[7]). *Râst bi raft, rûšanây dîd bar kanâr i jûy i âb i Marv; rûy bi dân jânib nihâd*[8]), *mard-î râ dîd, ki âsiyâ-sang râ kâr mî farmûd*[9]). *Yazdjard nazdîk i û bi raft u guft: „mard-î nâ-murâd am u dušman dâram, az û tarsânam*[10]); *yak imšab*[11]) *ma râ bar xvad*[12]) *panâh-î dih u dar ḥimâyat i xvîš nigâh dâr, ki fardâ candân bi tu mâl diham, ki âsûda gardî.*"

Âsiyâ-bân guft: „„dar ân âsiyâ-xâna bi rav u mî[13]) *bâš.*"" *Yazdjard dar ân xâna šud va az fakr u taraddud*

---

[3]) *az ham guzâštan* = aus dem Wege schaffen.

[4]) *šahr;* Accusativ ohne *râ.*

[5]) *ravân šudan,* gehend werden, d. i. sich auf den Weg machen.

[6]) *ki* vertritt hier die Stelle von *kujâ,* wo. *Furû (furûd) âmadan,* herab kommen, d. i. absteigen, einkehren.

[7]) *rûd yâ rah;* die Perser lieben in sprüchwörtlichen Redensarten die Alliteration: Er *(Yazdjard)* wusste weder Weg noch Steg.

[8]) *rûy nihâdan* = die Richtung nehmen, losgehen (auf Etwas).

[9]) *kâr farmûdan,* sich beschäftigen, zu schaffen machen (mit Etwas), handhaben.

[10]) *tarsânam;* man sollte dafür erwarten: *tarsam,* ich fürchte, da *tarsânîdan,* als Causativ, eig. erschrecken, fürchten machen, heisst (vgl. §. 28).

[11]) *yak imšab,* diese eine Nacht.

[12]) *bar xvad* bezieht sich auf den Müller: bei dir (selbst); ebenso das folgende *xvîš* (vgl. §. 44).

[13]) *mî* wird bisweilen auch zum Imperativ gesetzt: sei, d. i. bleibe.

sar nihâd u dar xvâb raft. Ġulâmân i âsiyâ-bân, cun bi dîdand, ki û xvâb karda u ġâfil dar istirâḥat raft, bar û cûb bar dâśtand u bi dû ḥavâla kardand[14] *u bi kuśtand, va har, ci bâ û bûd az zîna u sîmîna u tâj u jâma, bar dâśtand, va pây i û bi giriftand*[15] *u kuśâd kunân dar âb andâxtand.*

Dîgar rûz, ki Ṭanjṭâx dar Marv âmad, ahl i śahr bi ṭalab i Yazdjard śudand u dar har jânib û râ mî ṭalabîdand. Ittifâḳ bar ân âsiyâ-bân rasîdand u Yazdjard, śahr-yâr, az û pursîdand. Âsiyâ-bân guft: „„az û xabar na dâram."" Ġulâm-î paśm-pûś piś âmad, tâ radd i javâb bi gûyad. Ahl i Marv[16] *az û bûy xvaś âmad, va û râ bi kâftand, jâma i Yazdjard, ki bi 'iṭr u ṭîb mu'aṭṭar bûd, az baġal i û bi yâftand. Dîgarân râ ham bar în jumla*[17] *tafaḥḥuṣ mî kardand u az baġal i har-kudâm niśân-î ẓâhir mî śud. Siyâsat âġâz kardand, ġulâm i âsiyâ-bân ḥâl bâz guft*[18]*. Ṭanjṭâx kasân*[19] *râ dar âb andâxta*[20]*, tâ tafaḥḥuṣ kunad, kasân dar âb dar âmadand u Yazdjard râ murda dar âb bâz yâftand u piś i Ṭanjṭâx âvardand.*

Cun Ṭanjṭâx, pâdiśâh, Yazdjard râ murda bi dîd, bisyâr bi girîst u farmûd, tâ xvaś-bûy bar û pâśîdand u û râ bi rasm i pâdiśâhân i Kayân dafn kardand. Tâbût-î nihâdand u bi jânib i Fâris ravân kardand[21]*, tâ û râ ânjâ, ki xâk i pâdiśâhân i Kayân bâśad, bi rasm i pâdiśâhân dafn kardand. Va ḥukm kard (Ṭanjṭâx), va âsiyâ-bân u ġulâmân râ bi kuśtand. —*

---

[14]) *ḥavâla kardan* hier = schlagen.
[15]) sie fassten ihn bei den Beinen.
[16]) *ahl i Marv* steht für: *ahl i Marv râ.*
[17]) *bar în jumla,* auf diese Weise.
[18]) erzählte den Sachverhalt.
[19]) *kasân,* pl. von *kas,* Jemand.
[20]) *andâxta,* eig. geworfen, hier = geschickt. Der Sinn ist: da *Ṭanjṭâx* Leute in's Wasser schickte, um nachzuforschen, so stiegen Einige hinein. Der Singular *kunad* hängt grammatisch ab von *Ṭanjṭâx,* logisch jedoch eher von *kasân.*
[21]) *ravân kardan,* eig. gehend machen, zum Gehen bringen, d. i. fortschaffen, bringen. —

Aus Jâmî's[1]) Bahâristân.[2])

No. 4.

Das Kameel und der Dornbusch.

Šutur-î dar ṣaḥrâ cara mî kard va az xâr u xâšâk i ân ṣaḥrâ ġiẓâ mî xvard. Bi xâr-bun-î rasîd, cun zulf i xûbân dar-ham u cun rûy i maḥbûbân tâza. Va xurram gardan i âz[3]) *dirâz kard, tâ az ân bahra-î gîrad, dîd, ki dar miyân i ân af'â-î ḥalḳa karda u sar râ bâ dum farâham âvarda*[4]). *Bâz pas gašt va az ârzû i vay bi guẓašt. Xâr-bun pandâšt, ki iḥtirâz i û az zaxm-sitân i vay ast va ijtinâb i vay az tîzî i dandân*[5]) *i vay. Šutur ân râ dar yâft,*

---

[1]) *Mavlâ-nâ Nûr-ad-dîn 'Abd-ar-raḥmân Jâmî,* der letzte grosse Dichter Persiens, wurde am 23. *Ša'bân* des Jahres des *Hijra* 817 (1414 n. Chr.; vgl. §. 57) in *Jâm,* einem Dorfe *Xurâsâns,* in ziemlich ärmlichen Verhältnissen geboren. Er ist einer der fruchtbarsten orientalischen Schriftsteller, da er nicht weniger als 50 grössere und kleinere Werke, in Poesie und Prosa, hinterlassen hat. Seine Zeitgenossen legten ihm wegen seiner Gelehrsamkeit den arabischen Titel: *Mavlâ-nâ,* d. i. unser Meister, bei. Seine Sprache ist zwar viel reicher an Wortspielen und verblümten Ausdrücken, als die der älteren persischen Epiker, unterscheidet sich jedoch, was Klarheit anbetrifft, noch wesentlich zu ihren Gunsten von der schwülstigen Sprache der sogenannten mystischen Dichter. Den grösseren Theil seines Lebens brachte *Jâmî* am Hofe der Nachkommen *Tîmûrs,* der *xurâsân*ischen Sultane *Abû-Sa'îd* und *Ḥusayn,* in *Harât* zu, woselbst er auch am 18. *Muḥarram* 898 der *Hijra,* 81 Jahre alt, starb und unter allgemeiner Theilnahme auf Kosten des Sultans mit königlichem Gepränge beerdigt wurde.

[2]) *Bahâristân,* der Frühlingsgarten, ist eines der bekanntesten grösseren Werke *Jâmîs.* Es enthält in 8 Büchern oder Gärten (entsprechend den 8 Gärten des Paradieses) eine Sammlung von Fabeln, historischen Notizen, Anecdoten ernsten und scherzhaften Inhalts, untermischt mit poetischen Sentenzen und kurzen lyrischen Gedichten. Die Fabeln bilden ein Buch für sich und waren ursprünglich zur Lectüre für den kleinen Sohn des Dichters bestimmt.

[3]) der Hals der Begierde = der gierige Hals.

[4]) zu ergänzen ist: *bûd.*

[5]) *dandân* hier so viel wie: Dorn.

guft, ki: „bîm i man az în mîhmân i pûšîda ast, na az mîz-bân i âšikâr, va tars i man az zaxm i dandân i mâr ast, na az zaxm i pîkân i xâr. Agar na havl i mîhmân bûdî, mîz-bân râ yak luḳma kardamî[6]*).*

Ḳiṭ'a.[7])

Gar az laîm bi tarsad karîm, nîst 'ujjâb;
Zi xabs̱ i nafs, na az pašm u ist-xvân, tarsad.
Kas-î, ki pâ na nihad dar miyân i xâkistar,
Muḳarrar ast, ki û z' âtaš i nihân tarsad. —

No. 5.

Das Kameel und der Esel.

Uštur-î u dirâz-gûš-î ham-râh mî raftand; bi kanâr i jûy-î buzurg rasîdand. Avval šutur âmad; cun bi miyân i jûy rasîd, âb tâ šikam i vay bar âmad. Dirâz-gûš râ âvâz dâd, ki: „dar ây[1]*), ki âb tâ šikam ast, pîš nîst." Dirâz-gûš guft: „„„râst mî gûyî, ammâ az šikam i tu tâ šikam i man tafâvut ast; âb-î, ki bi šikam i tu nazdîk gašt, az pušt i man bi xvâhad guẕašt."""*

Ḳiṭ'a.[2])

Ay barâdar, az tu bihtar hîc-kas na š'nâsad-at;
Z' ân, ci hastî, yak sar i mû xvîš râ afzûn ma nih![3])
Gar fuzûn az ḳadr bi s'tâyad tu râ nâ-bi-x'rad-î:
Ḳadr i xvad bi š'nâs, u pâ az ḥadd i xvad bîrûn ma nih! —

---

[6]) *kardamî*, ich würde machen (vgl. §. 21).

[7]) *Ḳiṭ'a* nennt man ein, gleichsam aus einem grösseren Gedichte heraus gerissenes, gewöhnlich aus zwei Distichen *(Bayt)* bestehendes Stück, dessen erste beide Hemistichien nicht, wie bei vollständigen lyrischen und didactischen Gedichten, gereimt sind. — Das Metrum dieser *Ḳiṭ'a* ist das *Mujtas̱s̱* (vgl. §. 56). Ein kurzer Hülfsvocal *(i)* ist beim Lesen, des Metrums wegen, einzuschieben: v. 1. hinter *laîm* und *karîm;* v. 2. hinter *nafs* und *ist;* v. 4. hinter *ast.* —

[1]) *ây*, Imperativ von *âmadan.*

[2]) Vgl. No. 4, Anm. 7. Das Metrum ist das *Ramal* (b). Kurze Hülfsvocale *(i)* sind einzuschieben: v. 1. hinter *hîc;* v. 2. hinter *xvîš;* v. 3. hinter *ḳadr.* Ein kurzes *i* ist weggelassen in: *š'nâsad, z', x'rad, s'tâyad* und *š'nâs.*

[3]) Der Sinn ist: Halte dich selbst nicht für ein Haar breit mehr, als das, was du bist. —

No. 6.

Anecdote.

Iskandar yak-î râ az kâr-dânân az 'amal i šarîf 'azl kard u 'amal i xasîs bi vay dâd. Rûz-î ân mard bar Iskandar dar âmad, guft[1]*: „cigûna mî bînî 'amal i xvîš râ*[2]*?" Guft: „„Zindagânî i pâdišâh dirâz bâd*[3]*, ki mard bi 'amal buzurg u šarîf na gardad, balki 'amal bi mard buzurg u šarîf šavad; pas dar har 'amal, ki hast, nîkû-sîratî mî bâyad."" Va dâd u inṣâf Iskandar râ xvaš âmad; 'amal i vay râ bâz bi vay dâd.*

Ḳiṭ'a.[4]

Bâyad-at manṣab i baland, bi kûš,
Tâ bi fażl u hunar kunî payvand;
Na bi manṣab buvad balandî i mard,
Balki manṣab buvad bi mard i baland. —

No. 7.

Anecdote.

Ibrâhîm ibn-Sulaymân ibn-'Abd-al-malik ibn-Marvân[1] *gûyad, ki: dar ân vaḳt, ki navbat i xilâfat az banî-Umayya bi banî-'l-'Abbâs intiḳâl yâft va banî-'l-'Abbâs banî-Umayya râ mî giriftand u mî kuštand, man bîrûn i Kûfa bar bâm i sarây-î, ki bi ṣaḥrâ mušrif bûd, nišasta bûdam. Dîdam,*

---

[1]) *guft* bezieht sich auf *Iskandar.*
[2]) wie gefällt dir dein Amt?
[3]) *bâd* = *buvad*, es sei, v. *bûdan* (vgl. §. 20). *Zindagânî i pâdišâh dirâz bâd,* lange lebe der König, ist die gewöhnliche Anrede orientalischer Herrscher, an welche sich das Folgende mittelst *ki* anschliesst.
[4]) Das Metrum ist das *Xafîf.* Ein kurzer Vocal ist einzuschieben: v. 1. hinter *baland.* Als lang sind gebraucht die ursprünglich kurzen Wörtchen: *i* (v. 1), *u* (v. 2) und *na* (v. 3). *Balandî* (v. 3) ist beim Lesen zu *balandiy* zu distrahiren und demgemäss zu scandiren (◡ — ◡). Vgl. darüber §. 55. —
[1]) *Ibrâhîm,* der Sohn *Sulaymâns* (des letzten *Umayyaden* in Arabien), des Sohnes *'Abd-al-maliks*, des Sohnes *Marvâns.*

ki 'alamhâ i siyâh az Kûfa bîrûn âmad[2]). *Dar xâṭir i man cunân uftâd*[3]), *ki ân jamâ'at bi ṭalab i man mî âyand*[4]). *Az bâm furûd âmadam u mutanakkir-vâr bi Kûfa dar âmadam; va hîc-kas râ na mî šinâxtam, ki pîš i vay pinhân šavam. Bi dar i sarây i buzurg-î rasîdam; dar âmadam, dîdam, ki mard-î xûb-ṣûrat suvâr îstâda u jam'-î az ġulâmân u xâdimân gird i û dar âmada and. Salâm guftam*[5]); *guft: „„tu kîstî*[6]) *u ḥâjat i tu cîst?"" Guftam: „mard-î am girîxta, az xaṣmân i xvad mî tarsam; bi manzil i tu panâh âvarda am." Ma râ dar manzil i xvad dar âvard u dar ḥujra-î, ki nazdîk i ḥaram i vay bûd, bi nišând.*

Cand rûz ânjâ bûdam bi bihtarîn[7]) *ḥâl-î; har, ci dûsttar*[8]) *mî dâštam az maṭâ'im u mašârib u malâbis, hama pîš i man ḥâżir bûd; az man hîc na mî pursîd. Har rûz yak bâr suvâr mî šud u bâz mî âmad. Yak rûz az û pursîdam, ki: „har rûz tu râ mî bînam, ki suvâr mî šavî u zûd mî âyî; bi ci kâr mî ravî?" Guft: „„Ibrâhîm ibn-Sulaymân padar i ma râ kušta ast. Šinîdam, ki dar în šahr pinhân šuda ast; har rûz mî ravam bi umîd i ân, ki šâyad vay râ bi yâbam u bi ḳiṣâṣ i padar i xvad*[9]) *bi rasânam.""*

Cun în râ šinîdam az idbâr i xvad, dar ta'ajjub mândam, ki ma râ ḳażâ bi manzil i kas-î andâxta ast, ki ṭâlib i ḳatl i man ast. Az ḥayât i xvad sîr âmadam; ân mard râ az nâm i vay u nâm i padar i vay pursîdam; dânistam, ki û râst mî gûyad. Guftam: „ay juvân-mard, tu râ dar zimma

---

[2]) Nach Pluralen von Abstracten und leblosen Wesen folgt gewöhnlich das Verb im Singular (vgl. §. 32). Die Feldzeichen der *'Abbâsiden* waren schwarz.

[3]) es fiel in meine Seele, d. h. ich vermuthete.

[4]) Collective *(jamâ'at)* haben häufig den Plural bei sich.

[5]) Der arabische Gruss, dessen sich alle Muhammedaner unter sich bedienen, lautet: *'alay-kum (-ka) as-salâm*, oder kürzer: *salâm 'alay-kum (-ka)*, Friede über euch (dich); daher die Redensart: *salâm guftan* = grüssen.

[6]) *kîstî*, wer bist du? *cîst*, was ist es? Vgl. §. 23.

[7]) *bihtarîn*, Superlativ von *bih*, sehr gut.

[8]) *dûsttar*, Comparativ von *dûst*: Alles was ich besonders gern hatte.

[9]) *padar i xvad* hier = mein Vater (vgl. §. 44).

i man ḥuḳûḳ i bisyâr ast; vâjib ast bar man, ki tu râ bar xaṣm i tu dalâlat kunam va în râh i âmad-šud râ bar tu kûtâh gardânam. Ibrâhîm ibn-Sulaymân man am; xûn i padar i xvad râ az man bi xvâh.“

Az man bâvar na kard u guft: „„hamânâ, ki az ḥayât i xvad bi tang âmada î; mî xvâhî, ki az în miḥnat xalâṣ šavî?“““ Guftam: „lâ, va-'llâh, ki[10]) *man û râ kušta am;“ va nišânhâ guftam. Dânist, ki râst mî gûyam; rang i û bar afrûxt*[11]) *u cašmân*[12]) *i vay surx šud. Zamân-î sar dar pîš andâxt, ba'd az ân guft: „„„zûd bâšad, ki bi padar i man rasî u xûn i xvad az tu xvâhad*[13])*. Man zînhâr-î, ki*[14]) *dâda am tu râ, bâṭil na kunam; bar xîz u bîrûn rav, ki bar nafs i xvad îman nîstam, ma bâdâ, ki guzand-î bi tu rasânam.“““ Pas hazâr dînâr 'aṭâ farmûd; bar giriftam u bîrûn raftam.*

Maṣnavi.[15])

Juvân-mardâ[16])*, juvân-mardî bi âmûz;*
Zi mardân i jihân mardî bi âmûz!
Darûn az kîn i kîn-jûyân nigah dâr;
Zubân az ṭa'n i bad-gûyân nigah dâr!
Nikûî kun bi ân, k'û[17]) *bâ tu bad kard,*
K'az ân bad raxna dar iḳbâl i xvad kard.
Cu âîn i nikû-kâr-î kunî sâz,
Na gardad, juz bi tu, ân nîkuî bâz. —

---

[10]) Ueber das auf Schwurformeln folgende *ki* vgl. No. 1, Anm. 13 u. 15.

[11]) d. i. sein Gesicht färbte sich.

[12]) *cašmân*, ungewöhnlicher Plural für *cašmhâ*; dennoch folgt das Verb im Singular: *šud* (vgl. §. 32).

[13]) er (mein Vater) wird sein Blut von dir fordern.

[14]) Ueber *î* der Einheit vor *ki* vgl. §. 46.

[15]) *Maṣnavî* nennt man ein kleineres lyrisch-didactisches Gedicht, das aus Distichen besteht, deren Hälften unter sich, aber nicht mit andern Distichen, reimen. Das Metrum dieses Gedichts ist das *Hazaj* (b). Vgl. §. 56.

[16]) Vocativ von *juvân-mard* (vgl. §. 33).

[17]) *k'û* steht hier statt des einfachen *ki*, welcher. —

No. 8.

Schwank.

Cûlâh-î dar xâna i dânišmand-î vadî'at-î nihâd. Cun yak cand rûz bar âmad[1]*), bi ân muḥtâj šud; pîš i vay raft, dîd, ki dar sarây i xvad bar masnad i tadrîs nišast u jam'-i az šâgirdân pîš i û ṣaff bast. Guft: „ay ustâd, bi ân vadî'at iḥtiyâj mî dâram." Guft: „„sâ'at-î bi nišîn, tâ az dars fâriġ šavam."" Cûlâh bi nišast; muddat i dars i û dîr kašîd u vay musta'jil bûd. Va 'âdat i ân dânišmand ân bûd, ki dar vaḳt i dars guftan hamân sar i xvad mî junbânîd. Cûlâh râ taṣavvur i ân šud, ki dars guftan hamân sar junbânîdan ast. Guft: „ay ustâd, bar xîz u ma râ tâ âmadan i nâib i xvad gardân, tâ man bi jây i tu sar mî junbânam, va vadî'at i ma râ birûn âvar, ki man ta'jîl dâram." Dânišmand, cun bi šinûd, bi xandîd u guft:*

Ḳiṭ'a.[2])

„„Faḳîh i šahr zanad lâf i ân, bi majlis i 'âm[3]*),*
Ki âšikâr u nihân i 'ulûm mî dânad.
Javâb i har, ci az û pursî, ân buvad, ki bi dast
Išârat-î bi kunad yâ sar-î bi junbânad."" —

No. 9.

Schwank.

Ṭabîb-î râ dîdand[1]*), ki, har-gâh bi gûr-istân rasîdî, ridâ bar sar kašîdî. Az sabab i ân-aš suâl kardand*[2]*). Guft: „az murdagân i în gûr-istân šarm hamî dâram, ki bar har,*

---

[1]) als einige Zeit *(yak cand rûz)* vergangen (eig. aufgegangen) war.

[2]) Das Metrum dieses Gedichtes ist das *Mujtaṣṣ* (§. 56). Hülfsvocale *(i)* sind einzuschieben: v. 1. hinter *šahr*; v. 2. hinter *'ulûm*. In v. 3. ist *pursiy, ân* zu lesen und zu scandiren: — ⏑ —.

[3]) *bi majlis i 'âm*, in allgemeiner (öffentlicher) Versammlung. —

[1]) *dîdand*, man sah (vgl. §. 42).

[2]) man fragte nach seinem *(-aš)* Grunde dafür *(sabab i ân)*.

ki mî guzaram[3]), *zarbat i man xvarda ast*[4]), *u dar har, ki mî nigaram, az šarbat i man murda ast.*"

Rubâ'i.[5])

Ay ra'y i tu dar 'ilâj i bîmâr u 'alîl!
Bar âmadan i marg kudûm i tu dalîl.
Dar kišvar i mâ maûnat i jân sitadan
Bar dâšta î az gardan i 'Izrâîl[6]). —

Aus Jâmî's Yûsuf u Zalîxâ.[7])

No. 10.

Zalîxâ's Traum.

Šab-î, xvaš hamcu subh i zindagânî,

---

[3]) bei wem ich auch vorübergehe, der etc. Ebenso das folgende: *dar — nigaram,* wen ich auch ansehe, der etc.

[4]) hat meinen Syrup (unwirksame Medicin) genossen. Wortspiel mit *zarbat* und *šarbat.*

[5]) *Rubâ'î* nennt man ein kleines aus 4 Versen bestehendes Gedicht, dessen erster, zweiter und vierter Vers immer, der dritte bisweilen, auf denselben Reim ausgehen. Das Metrum des *Rubâ'î* ist den Persern eigenthümlich und wird nur bei dieser Dichtungsart angewandt. Vgl. darüber §. 56. Hülfsvocale sind einzuschieben: v. 2. nach *marg*; v. 4. nach der Sylbe *dâš* in dem Worte *dâšta.*

[6]) Der Sinn des kleinen Gedichtes ist: (v. 1) O über deinen (ärztlichen) Rath bei Behandlung Kranker und Schwacher! (v. 2) Beweis für das Nahen des Todes ist dein Kommen. (v. 3) In unsrer Gegend hast du die Arbeit des Seelen Nehmens (v. 4) von dem Nacken *'Izrâîls* (des Todesengels) genommen. —

[7]) *Yûsuf u Zalîxâ* ist der Titel eines grossen romantischen Gedichtes, das *Jâmî* selbst für sein Meisterwerk hält. Es ist das fünfte in der Reihe der sieben grossen Gedichte *Jâmîs*, die den sogenannten *Haft avrang,* d. i. sieben Throne, oder *Sab'a,* d. i. Siebener, bilden. Es behandelt die Sage von Joseph, dem Sohne Jakobs, und von der schönen *Zalîxâ* (Suleicha), der Frau des Aegypters. Potiphar, die Lieblings-Sage aller orientalischen Völker, die schon im Koran *die schönste der Geschichten* genannt wird. Um das Verständniss der, aus dem Zusammenhang gerissenen, Stücke zu erleichtern, gebe ich hier den kurzen Inhalt des Gedichts.

Našâṭ-afzâ cu ayyâm i juvânî,

Zalîxâ, die Tochter eines Königs im fernen Westen, sieht wiederholt im Traume einen wunderschönen jungen Mann, der sich ihr als den Vezir von Aegypten zu erkennen giebt, und verliebt sich in ihn. Auf ihre dringenden Bitten weist ihr Vater die Werbungen mächtiger Könige zurück und lässt durch eine Gesandtschaft dem aegyptischen Vezir die Hand der Prinzessin antragen, der auch gern das überraschende Anerbieten annimmt. Beim ersten Zusammentreffen mit ihrem Eheherrn wird jedoch *Zalîxâ* zu ihrem Schmerze gewahr, dass derselbe durchaus nicht der schöne Mann ist, der ihr im Traume erschienen.

Sie ergiebt sich schweigend in ihr Schicksal, bis sie eines Tages Gelegenheit hat, einen jungen aus Canaan eingeführten Sclaven (dessen Geschichte inzwischen in ziemlicher Uebereinstimmung mit der in der Genesis gegebenen erzählt wird) zu sehen und in ihm den bezaubernd schönen Helden ihrer Träume zu erkennen. Sie überredet den Vezir, diesen hebräischen Jüngling zu kaufen. Joseph weiht sich dem Dienste *Zalîxâ*'s, wird jedoch von ihr nicht wie ein Knecht, sondern wie ein Freund und Geliebter gehalten. Da er sich aber beharrlich weigert, ihre Liebe zu erwidern, so lässt sie ihn endlich, um seinen Starrsinn zu brechen, in's Gefängniss werfen.

Durch die geschickte Auslegung des bekannten Traumes weiss sich Joseph die Gunst des Königs zu gewinnen, wird aus dem Gefängnisse im Triumphzuge geholt und selbst zum Vezir ernannt. Aus Gram über seine Zurücksetzung stirbt *Zalîxâ*'s Mann, und sie selbst geräth in Armuth, wird vor der Zeit alt und vom vielen Weinen blind, so dass sie zuletzt ihren Liebling nicht einmal mehr sehen kann, wenn er in prächtigem Aufzuge vor ihrer Hütte vorbei reitet. Dennoch kann sie das Bild des Schönsten unter den Schönen immer noch nicht aus ihrer Seele bannen und dem heissen Verlangen widerstehen, sich wenigstens in seiner Nähe zu wissen. Es gelingt ihr eines Tages, in seinen Palast einzudringen und ihn selbst zu finden. Als Joseph erfährt, wer das blinde Mütterchen ist und was sie hergeführt, wird er von ihrer Liebe zu ihm, sowie von ihrem grossen Elend, so gerührt, dass er den Gott seiner Väter bittet, ihr das Licht der Augen und die verlorene Jugend wiederzugeben.

Gott erhört das Gebet seines Auserwählten und in neuer Schönheit und Jugend erblüht *Zalîxâ*. Nun lodert auch in Josephs Herz die Liebe auf, und da jetzt kein Potiphar mehr hindernd zwischen ihnen steht, so führt er endlich die Krone der Frauen als Gattin heim. Er wird schliesslich selbst König

Zi junbiś murġ u mâhî âramîda[2]),
Ḥavâdiṣ pây dar dâman kaśîda[3]);
Dar în pastân sarây i pur naẓâra[4])
Na mânda bâz, juz caśm i sitâra;
Rubûda duzd i śab hûś i ‘asas râ,
Zubân basta jaras-junbân jaras râ;
Sagân râ ṭavḳ gaśta ḥalḳa i dum,
Dar în ḥalḳa rah i faryâd-iśân gum[5]);
Zi śah-par murġ i śab xanjar kaśîda,
Zi bâng i ṣubḥ nây i xvad burîda[6]).
Zi kankar-dâr i kâx i śahr-yârî
Cu ḥâris dîd śakl i gav-kunâr-î,
Bi bîdârî na mânda dîgar-aś tâb,
Xavâṣṣ i gav-kunâr-aś karda dar xvâb;
Sitâda az dahil-kûbî dahil-kûb,
Hujûm i xvâb dast-aś basta bar cûb;
Na karda m'aẓẓin[7]) *az kull-bâng i „yâ ḥayy"*

---

und stirbt nach einem glücklichen Leben in hohem Alter, bald nach ihm seine treue *Zalîxâ.*

Das Metrum, in dem das Gedicht geschrieben, ist das *Hazaj* (b). Vgl. §. 56.

[2]) *âramîda* für *âramîd,* ebenso *kaśîda* für *kaśîd* u. s. f.

[3]) der Zufall (das Geschehende) zog seinen Fuss in den Saum (seines Gewandes), d. h. es geschah Nichts mehr während der Nacht.

[4]) das niedrige Haus, voll des Schauens, d. i. die (irdische) Welt.

[5]) Zu ergänzen ist: und der Weg ihres Heulens ging in dem Ringe ihres Schwanzes, den die Hunde um ihren Hals gewunden hatten, verloren, d. h. sie heulten nicht mehr.

[6]) der nächtliche Vogel zog das Schwert seines Flügels und schnitt damit seine Pfeife (die Kehle) vom Morgen-Gesange ab, d. h. er steckte den Hals unter den Flügel und schlief.

[7]) *m'aẓẓin* für: *muaẓẓin,* des Metrums wegen. *Yâ ḥayy* ist ein Theil des arabischen Spruches, mit dem die *Muaẓẓins* (Gebetsverkünder) fünfmal des Tages vom Minaret herab die Muhammedaner zum Gebete rufen. Der ganze Spruch lautet: *„Allâh akbar! Aśhad, an lâ ilâh illâ 'llâh va Muḥammad rasûl Allâh. Ḥayy ‘alà 'ṣ-ṣalâḥ, ḥayy ‘alà 'l-falâḥ!"* d. i. *„Gott ist der grösste (sehr gross)! Ich bezeuge, dass kein*

Firâš i ġaflat i šab-murdagân ṭayy[8]).
Zalîxâ, ân bi labhâ i šakar-nâb,
Šuda bar nargis[9]) *i šîrîn šakar-xvâb.*
Sar-aš sûda bi bâlîn, ja'd i sunbul[10]),
Tan-aš dâda bi pistar, xirman i gul.
Zi bâlîn sunbul-aš dar ham šikasta,
Bi gul târ i ḥarîr-aš nakš basta[11]).
Bi xvâb-aš cašm i ṣûrat-bîn ġunûda,
Valî cašm i digar az dil[12]) *kušûda:*
Dar âmad nâ-gah-aš az dar juvân-î —
Ci mî gûyam: juvân-î? nî, ki jân-î,
Humâyûn[13]) *paygar-î az 'âlam i nûr*[14]),

Gott ist ausser Gott (Allâh) und Muḥammad Gottes Gesandter. Auf zur Rechtfertigung, auf zum Heil!" Dazu kommen bei dem Gebet vor Sonnenaufgang noch die Worte: „*Aṣ-ṣalât xayr min an-navm!*" d. i. „*Das Gebet ist besser als der Schlaf!*"

[8]) des *Muazzins* Morgen-Ruf: *yâ ḥayy* rollt noch nicht das sorgenfreie Bett der nächtlich Todten (d. i. Schlafenden) zusammen. Bekanntlich schlafen die Orientalen auf Teppichen oder Polstern, die sie am Tage zusammengerollt in einem Wandschranke verwahren.

[9]) Mit Narcissen werden von orientalischen Dichtern gern schöne Augen verglichen. Der zuckerlippigen *Zalîxâ* war süsser Schlaf auf die schönen Augen gekommen.

[10]) Hyacinthen-Locken. Auch Dichter anderer Nationen vergleichen das duftende Haar der Schönen mit Hyacinthen. *Jâmî* nennt oft das Haar geradezu ***sunbul***, Hyacinthe.

[11]) ihr Haar war vom Kissen ganz aufgelöst (verwirrt), und ihre Seiden-Pinsel (Locken) malten (schwarz) auf die Rosen (ihrer Wangen), d. h. ihre schwarzen Locken hingen aufgelöst über ihre Rosenwangen.

[12]) das (zweite) Auge ihres Herzens (die Phantasie) wacht, während das Gestalten sehende (körperliche) Auge im Schlafe geschlossen ist.

[13]) *Humây* ist bei den Orientalen der Name eines mythischen Vogels, dessen Erscheinen Glück bringen soll; daher ***humâyûn***, glückselig, das, ähnlich dem lateinischen ***augustus***, stehendes Epitheton der orientalischen Herrscher geworden ist.

[14]) Die Wesen, welche vor den Menschen die Erde bewohnten, ***Parîs*** und ***Dîven***, waren aus Licht geschaffen, und mit ihnen vergleicht hier der Dichter den Joseph.

Bi bâġ i Xuld karda ġârat i Ḥûr[15]). —
Zalîxâ cun bi rûy-aš dîda bi k'šâd,
Bi yak dîdâr-aš uftâd ân, ci uftâd;
Jamâl-î dîd az ḥadd i bašar dûr,
Na dîda az Parî[16]), *na š'nîda az Ḥûr.*
Zi ḥusn i ṣûrat u luṭf i šamâil
Asîr-aš šud bi yak dil — nî, bi ṣad dil.
Girift az ḳâmat-aš dar dil xayâl-î,
Nišând az dûstî dar jân nihâl-î;
Zi rûy-aš âtaš-î dar sîna afrûxt,
Va z' ân âtaš matâʿ i ṣabr u dîn sûxt. —

No. 11.

*Yûsuf*s Befreiung aus dem Brunnen.

Cu cârum rûz az în fîrûza xir-gâh
Bar âmad Yûsuf i šab[1]), *rafta dar câh:*
Zi Madyan kârvân-î, raxt-basta,
Bi ʿazm i Miṣr, bâ baxt i xujasta,

---

[15]) *Ḥûr* (die Schwarzäugigen) heissen die schönen Mädchen, mit denen sich die Phantasie der Orientalen das Paradies bevölkert denkt.

[16]) *Parî* (eig. geflügelt) nennen die Perser schöne und gute überirdische Wesen, die vor den Menschen, zusammen mit den bösen *Dîven* oder *Jinnen,* die Erde bewohnten, aber bei der Erschaffung Adams in das Feenland *(Jinnistân)* wanderten. Dort bewohnen sie die Städte: *Šâd-u-kâm* (Freude und Vergnügen), *Guhar-âbâd* (Juwelenstadt) und *ʿAnbar-âbâd* (Ambrastadt). In demselben Grade, wie die *Dîven* den Menschen feindlich gesinnt sind und zu schaden suchen, lieben und beschützen die gütigen *Peris* die Sterblichen. Sie sind aus Licht geschaffen, von bezaubernder Schönheit und allem Rohen und Gemeinen abhold. Sie kleiden sich in Sonnenstrahlen, leben von Blumenduft und baden sich in Morgenthau. —

[1]) Wie schöne Menschen oft mit dem Monde verglichen werden, so vergleicht hier *Jâmî* umgekehrt den Mond mit dem schönen Joseph. Der Sinn ist: als am vierten Tage der Mond am azurnen Himmel aufging. Vier Tage lang hatte nämlich Joseph bereits in dem Brunnen, in welchen ihn seine Brüder hinabgesenkt, zugebracht.

Zi râh uftâda dûr, ânjâ futâdand[2]);
Pay i âsûdagî, maḥmil kušâdand. —
Xvaš ân gum-rah, ki rû ârad bi jây-î,
Ki bâšad hamcu Yûsuf rah-numây-î! —
Bi gird i câh manzil-gâh kardand,
Bi ḳaṣd i âb rû dar câh gardand.
Nuxust âmad sa'âdat-mand mard-î
Bi sûy i âb i ḥayvân, rah-navard-î;
Bi târîkî i câh ân Xiżr[3])*-sîmâ*
Furûd âvîxt dalv i âb-paymâ.
Bi Yûsuf guft Jibrîl[4]) *i amîn: „xîz!*
Zulâl i raḥmat-î bar tišnagân rîz;
Nišîn dar dalv cun xvaršîd i tâbân[5]),
Zi maġrib sûy i mašriḳ šav šitâbân!" —
Ravân Yûsuf zi rûy i sang bar jast,

---

[2]) Bei Collectiven (*kârvân*) steht gewöhnlich das Verb im Plural, selbst dann, wenn sie ein *î* der Einheit bei sich haben, wie hier.

[3]) *Xiżr* (Chidher), eig. der Grünende, ist eine mythische Person, dessen in den Poesien der Orientalen oft Erwähnung geschieht. Er war ein Weiser oder Prophet, der nach Einigen zu Mosis, nach Andern zu Alexanders d. Gr. Zeit gelebt und die Quelle des ewigen Lebens im Lande der Finsterniss gefunden haben soll, deren Hüter er dann wurde. Der Genuss des Wassers dieser Quelle gab ihm ewige Jugend; er ist daher bei den Orientalen die Verkörperung der ewig wirkenden Lebenskraft, die Alles durchdringt. Die Farbe seines Haares, wie seiner Kleidung, ist ein leuchtendes Grün; grünende Gefilde und fliessendes Wasser stehen unter seiner besondern Obhut. — Der aegyptische *Jupiter Ammon* und seine im Alterthum berühmte Quelle auf einer grünenden Oase mitten in der Wüste (dem Lande der Finsterniss) scheinen den Grund zu dem *Xiżr*-Mythus gegeben zu haben. Ueber *Xiżr* und die Lebensquelle vgl. No. 18.

[4]) Der Engel Gabriel war dem Joseph schon bei seiner Versenkung in den Brunnen als Tröster vom Himmel gesandt worden.

[5]) Joseph soll sich in den Eimer setzen, gleich der Sonne (wenn sie im Zeichen des Wassermanns steht). Die Perser nennen das Sternbild des Wassermanns: *burj i dalv*, d. i. Zeichen des Eimers.

Cu âb i caśma-î dar dalv bi n'śast.
Kaśîd ân dalv râ mard i tuvânâ,
Bi ḳadr i vazn i dalv i âb dânâ;
Bi guft: „imrûz dalv i mâ girân ast;
Yaḳîn cîz-î bi juz âb andar ân ast!“
Cu ân mâh i jihân-ârâ bar âmad,
Zi jân-aś bâng i: „yâ biśr-î!“ bar âmad;
„Biśârat, k' az cunîn târîk câh-î
Bar âmad bas jihân-afrûz mâh-î;
Biśârat, k' az miyân i caśma i śûr
Bar âmad âb-î, az śûr-âbagî dûr!“
Dar ân ṣaḥrâ gul-î bi ś'kuft û râ;
Valî az dîgarân bi n'huft û râ.
Ravân-î jânib i manzil-gaḥ-aś burd,
Bi yârân i xvad-aś pûśîda bi s'purd. —
Ḥasûdân[6]) *ham dar ân nazdîk bûdand,*
Zi ḥâl i û taṣaḥḥuṣ mî numûdand;
Hamî burdand dâim[7]) *intiẓâr-aś,*
Ki tâ xvad cun śavad injâm i kâr-aś.
Zi ḥâl i kârvân âgâh gaśtand,
Xabar jûyân bi gird i câh gaśtand;
Nihân kardand Yûsuf râ nidâ-î:
Birûn n' âmad zi câh, illâ ṣadâ-î.
Pas az jahd i tamâm u jidd i bisyâr
Miyân i kârvân âmad bi dîdâr.
Giriftand-aś, ki: „mâ râ banda ast în,
Sar az ṭavḳ i vafâ tâbanda[8]) *ast în;*
Bi kâr i xidmat âmad sust payvand,
Zi mâ bi g'rîxtan gîrad bi har cand[9]);
Zi nîkû bandagî fâriġ nihâda 'st.
Furûśîm-aś, agarci xâna-zâda 'st.“
Juvân-mard-î, ki az cah bar kaśîd-aś,

---

[6]) Josephs Brüder.
[7]) *dâim* sollte hier eigentlich — ⏑ sein, es wird jedoch ausnahmsweise als — — gebraucht; ebenso v. 30. *âmad.*
[8]) part. praes. von *tâftan.*
[9]) so oft es geht, greift er zur Flucht von uns, d. h. sucht zu fliehen.

Bi andak ḳîmat-î z' îšân xirîd-aš —
Bi „Mâlik“ bûd mašhûr ân juvân-mard[10]) —
Bi fals-î cand[11]) *mamlûk i xvad-aš kard.*
Va z' ân pas kârvân maḥmil[12]) *bastand,*
Bi ḳaṣd i ‘azm dar maḥmil nišastand. —
Dihad ganj i sa‘âdat nâ-xirad-mand,
Sitânad rû-kašîda dirham-î cand. —

No. 12.

*Yûsuf*s Erhebung.

Šab i Yûsuf[1]) *cu bi g'ẕašt az dirâzî,*
Ṭulû‘ i ṣubḥ kard-aš kâr-sâz-î;
Cu šud kûh i girân bar jân-aš andûh,
Bar âmad âftâb-aš az pas i kûh.
Pay i ta‘ẓîm u akrâm i vay az šâh
Xiṭâb âmad bi nazdîkân i dar-gâh[2]):
K' az ayvân i šah i xvaršîd-avrang
Bi maydân-î zi har jânib, du farsang,
Du rûya tâ bi zindân îstâdand,
Tajammilhâ i xvad râ ‘arżu dâdand.
Ci az zarrîn-kamar, sar-kaš ġulâmân,
Hama dar xil‘at i zar-kaš xirâmân!
Ci az câbuk suvârân i sipâhî,
Bi Tâzî markabân bâ xvad mubâhî!
Ci az xvaršîd-paygar xvaš-navâyân,
Bi ‘Ibrânî va Suryânî-sarâyân!
Šarân i Miṣr, bîrûn az šumâra,

---

[10]) unter (dem Namen) *Mâlik* war der Mann bekannt.

[11]) um etliche *Fals* (vgl. §. 48).

[12]) Mitunter bleiben, wie hier, ursprünglich kurze Sylben dennoch durch Position lang, obgleich hinter ihnen, um das Metrum zu füllen, ein kurzer Hülfsvocal *i* zu denken ist, der, wenn er geschrieben würde, die Position aufheben würde. —

[1]) Josephs Nacht, d. i. die Zeit, die er im Kerker zubrachte. Seine Befreiung aus dem Kerker wird dann dem Morgen verglichen.

[2]) die Nächsten des Hofes, d. i. die hohen Würdenträger.

Niṣâr-afšân i û az har kanâra[3]);
Tihî-dastân, bi 'mîd[4]) i niṣâr-î,
Kušâda har ṭaraf jayb u kanâr-î.
Cu šud Yûsuf sû i[5]) Xusrav ravâna,
Bi xil'athâ i xâṣṣ i Xusravâna,
Firâz i markab-î, az pây tâ farḳ
Cu kûh-î gašta dar zarr u guhar ġarḳ[6]):
Bi har jâ ṭablahâ i mušk u 'anbar,
Zi har sû badrhâ[7]) i zar va gavhar
Bi râh i markab i û mî fišânand,
Gadâ râ az gadâî mî rahânand.
Cu âmad bâr-gâh i šâh bi dîdâr,
Furûd âmad zi Raxš i tîz-raftâr.
Xaz u aṭlas bi pâ andâxtand-aš,
Bi pây andâz i sar afrâxtand-aš. —
Zi ḳurb i maḳdam-aš cun šah xabar yâft,
Bi istiḳbâl i û cun bâd bi š'tâft;
Kašîd-aš dar kanâr i xvîštan tang,
Cu sarv i gul-rux u šamšâd[8]) i gul-rang.
Bi pahlav i xvad-aš bar taxt bi n'šând,
Bi pursišhâ i xvaš bâ vay suxan rând.
Nuxust az xvâb i xvad pursîd ta'bîr —
Dar âmad la'l[9]) i nûšîn-aš bi taḳrîr;
Va z' ân pas kard-aš az har jâ suâl-î,
Bi pursîd-aš zi har kâr-î va ḥâl-î —

---

[3]) die Vornehmen streuten von allen Seiten Geld unter die Armen aus, zur Ehre des Tages. *Niṣâr-afšân* ist eigentlich ein Pleonasmus.

[4]) *'mîd* für *umîd.*

[5]) lies: *suv i* (⏑ —).

[6]) Josephs Reitpferd wird mit einem in Gold und Juwelen getauchten Berge verglichen.

[7]) Vollmonde werden hier die blanken Schüsseln oder Platten genannt, auf denen die Pretiosen lagen.

[8]) Cypresse und Buchsbaum werden häufig als Bilder gebraucht, die erstere, um schlanken Wuchs, der zweite, Stattlichkeit und Kraft zu bezeichnen.

[9]) sein Rubin, d. i. sein rubinrother Mund.

Javâb i dil-kaś u maṭbû' guft-aś,
Cunân, k' âmad[10] *az ân guftan śikift-aś.*
Dar âxir guft: „în xvâb-î, ki dîdam,
Zi tu ta'bîr i ân rûśan śinîdam:
Ci sân tadbîr i ân kardan tuvânam,
Ġam i xalḳ i jihân xvardan tuvânam?“[11]
Bi guftâ[12]*: „„Bâyad ayyâm i farâxî*[13]*,*
Ki abr u nam nay uftand dar tarâxî,
Munâdî kardan andar har diyâr-î:
Ki na b'vad[14] *xalḳ râ, juz kiśt, kâr-î!*
Bi nâxan sang i xârâ râ xirâśand,
Zi cahra xûn fiśânân dâna pâśand!
Ci az dâna śavad[15] *âkanda xûśa,*
Nihand-aś hamcunân az bahr i tûśa.“ “ —
Cu śâh az vay bi dîd în câra-sâzî,
Bi mulk i Miṣr dâd-aś sar-firâzî:
Sipah râ banda i farmân i û kard,
Zamîn râ 'arṣa i maydân i û kard;
Bi jâ i xvad bi taxt i zar niśând-aś,
Bi ṣad 'izzat 'azîz i Miṣr xvând-aś.
Cu pâ bâlâ i taxt i zar nihâdî,
Jihân-î zîr i taxt-aś sar nihâdî;
Cu raftî bar sar i maydân zi ayvân,
Rasîdî bâng i câuśân bi Kayvân[16].

---

[10] *âmad* ist hier als — — gebraucht, obwohl kein Consonant darauf folgt. Kurze, aber geschlossene Sylben können, wenn es das Metrum erfordert, auch lang gebraucht werden.

[11] d. h. wie kann ich die Leiden meines Volkes ertragen?

[12] *guftâ* statt *guftî (guft)*, er (Joseph) sprach.

[13] adverbial = in den Tagen des Ueberflusses.

[14] *b'vad* für *buvad*, es sei.

[15] *śavad* sollte ⌣ ⌣ sein, ist aber ⌣ — gebraucht (vgl. Anm. 10).

[16] Das Himmelsgewölbe besteht nach der Ansicht der Orientalen aus neun über einander liegenden Theilen. Im untersten derselben herrscht der Mond; im zweiten *'Utârid* oder *Mirrîx*, Mercur, der himmlische Schreiber, der den Wechsel der Tage und Nächte verzeichnet; den dritten

Bi har kišvar, ki bi g'zašt suvâra,
Birûn bûdî sipâh-aš az šumâra[17]).
Cu Yûsuf râ Xudâ dâd în balandî,
Bi ḳadr i în balandî arj-mandî:
'Azîz i Miṣr[18]) *râ davlat zabûn gašt,*
Livâ i ḥišmat i û sar-nigûn gašt.
Dil-aš ṭâḳat nay âvard în xalal râ,
Bi zûdî šud hadaf tîr i ajal râ.
Zalîxâ rûy dar dîvâr i ġam kard,
Zi bâr i hajr i Yûsuf pušt xam kard;
Bi ġam bi n'šast zi ân ma'tam šab u rûz,
Zi Yûsuf dâšt dar dil ġam šab u rûz.
Na az jâh i 'azîz-aš xâna âbâd,
Na az andûh i Yûsuf xâṭir âzâd[19]). —

Himmel beherrscht *Zuhra,* Venus, die Lautenschlägerin, die den Reigen der Gestirne anführt; den vierten die Sonne; den fünften *Bahrâm,* der blutdürstige Mars, das Gestirn der Zwietracht und der Schlachten. Im sechsten Himmel herrscht *Muštarî,* Jupiter, der Richter, der die ewigen Gesetze der Welt aufrecht erhält; im siebenten *Kayvân* oder *Zuḥal,* Saturn, das dämonische Gestirn der Zeit, Räubern und unternehmenden Abenteurern günstig. *Kayvân* wird gedacht als alter, vielerfahrener Mann, der in dem höchsten der sieben unteren (Planeten-) Himmel ein festes, wohlverwahrtes Schloss bewohnt. Es bleiben noch übrig die beiden oberen Himmel, nämlich der achte oder Fixsternhimmel, arabisch *falak al-burûj,* d. i. Himmel der Sternbilder, und der neunte oder eigentliche, höchste Himmel, arabisch *falak al-aflâk,* d. i. Himmel der Himmel, in welchem Gott mit seinen Engelschaaren thront.

[17]) *birûn az šumâra,* zahllos. *Sipâh-aš* ist als ⏑ — — gebraucht, obwohl kein Consonant folgt. Vgl. Anm. 10.

[18]) *'azîz i Miṣr* ist hier nicht Joseph, sondern Potiphar.

[19]) Nach *âbâd* und *âzâd* ist *bûd* oder *šud* zu ergänzen: *Zalîxâ's* Haus war nach dem Tode ihres Grossvezirs (Potiphars) nicht mehr angenehm eingerichtet, und ihre Seele wurde nicht frei von Schmerz um den verlorenen Joseph. Deshalb wandte sie ihr Gesicht nach der Wand des Kummers und krümmte in Trauer ihren Rücken. —

Aus Hâfiẓ's Dîvân.[1])

No. 13.

Ġazal.[2])

Sâḳî, bi â, ki šud ḳadaḥ i lâla pur zi may!
Ṭâmât tâ bi cand u xurâfât tâ bi kay?
Bi g'ẕar zi kibr u nâz, ki dîda 'st rûz-gâr
Cîn i ḳabâ i Ḳayṣar u ṭarf i kulâh i Kay[3]).
Bâd i ṣabâ zi 'ahd i ṣabî yâd mî dihad,
Jân-dârû-î[4])*, ki ġam bi barad az dil i ṣabî.*
Bar mulk va makr u 'aṣva i dahr i'timâd nîst;
Ay bar kas-î, ki mî šavad îman zi makr i vay!

---

[1]) *Šams-ad-dîn Muḥammad Ḥâfiẓ*, der grösste Lyriker Persiens, wurde im Anfange des 14. Jahrhunderts zu *Šîrâz* geboren. Er verschmähte es, ein öffentliches Amt anzunehmen und lebte in jener Stadt der Rosen und des Weins in freiwilliger Armuth das Leben eines Derwisch. Als der Eroberer *Tîmûr* 1388 nach *Šîrâz* kam, behandelte er den Dichter, dessen Ruhm damals schon den ganzen Orient erfüllte, mit grosser Aufmerksamkeit. *Ḥâfiẓ* starb jedoch schon das Jahr darauf. Sein Grab wird noch jetzt von frommen Muhammedanern besucht. Das Hauptthema seiner Oden bildet der frohe Genuss des Lebens, Liebe und Wein. Seine Werke wurden nach seinem Tode von seinen Freunden zu einem *Dîvân* gesammelt und sind bereits mehrfach (im Orient) gedruckt und übersetzt worden.

[2]) *Ġazal* (Gasel) ist ein lyrisches Gedicht, bei dem der erste Halbvers des ersten und die zweiten Halbverse aller Distichen auf denselben Reim ausgehen. Es unterscheidet sich von der *Ḳaṣîda*, einer ganz ähnlichen Gattung von Gedichten, nur dadurch, dass es in der Regel aus weniger, die letztere dagegen aus mehr als 12 Distichen besteht. Beide entsprechen unserer Ode und haben gewöhnlich Liebe und Lebensgenuss zum Thema. Im letzten Distichon eines *Ġazal* pflegt der Dichter oft seinen Namen zu nennen.

Der durchgehende Reim dieses Gedichts ist *ay* (und das mit *ay* reimende *î*); das Metrum ist das *Muẓâri'* (vgl. §. 56).

[3]) Der Sinn ist: die Zeit sah auch der römischen Caesaren und persischen *Kayâniden* Glanz und Ruhm verblühen.

[4]) lies: *jân-dâruv-î* (— — ⌣ —). Vgl. §. 55.

Dar dih, bi nâm i Ḥâtim i Ṭay, jâm i yumkinî[5]):
Tâ nâma i siyâh i baxîlân[6]) *kunîm ṭayy.*
Ḥâfiẓ, kalâm i Fârisî i tu rasîda ast
Az mulk i Šâm u Miṣr bi sar i ḥadd i Rûm u Ray[7]). —

No. 14.

Ġazal.[1])

Du yâr i zîrak u az bâda i kuhun du manî,
Farâġat-î va kitâb-î va gûša i caman-î!
Man în ḥuẑûr bi dunyâ va âxirat na diham;
Agarci dar pay-am uftand xalḳ-î, anjuman-î[2]).
Harân, ki kunj i ḳanâ'at bi ganj i dunyâ dâd,
Furûxt Yûsuf i Miṣrî bi kamtarîn ẓaman-î[3]).
Bi â, ki ḳismat i în kâr-xâna kam na šavad
Bi zuhd, hamcu tu-î, yâ bi 'unḳ, hamcu man-î[4]).

---

[5]) d. h. bringe den Pokal herbei, so lange es möglich ist. *Yumkin* ist eine arabische Verbalform = es ist möglich; davon bildet *Ḥâfiẓ* ein persisches Wort: *yumkinî* = Möglichkeit.

[6]) Das schwarze Buch der Geizigen wird hier das Schuldbuch der Gläubiger genannt.

[7]) d. h. deine Gedichte, o *Ḥâfiẓ*, sind überall bekannt, von Syrien und Aegypten bis nach Griechenland und Indien. Es sind dies die Grenzländer des persischen Reiches in seiner grössten Blüthe. *Ray* ist eigentlich der Titel indischer Herrscher (verkürzt aus *Râja*), wird jedoch hier für den Namen des Landes selbst genommen. —

[1]) Das Metrum dieses Gedichtes ist das *Mujtaẓẓ* (s. §. 56). Der durchgehende Reim ist *manî.*

[2]) wenn mir auch ein ganzes Volk zu Füssen fiele. Der Plural *uftand* hängt von dem Collectiv *xalḳ* ab, obwohl dieses das *î* der Einheit bei sich hat.

[3]) wer den Winkel seiner Seelenruhe um den Schatz dieser Welt hergab, der verkaufte den aegyptischen Joseph um geringen Preis. Joseph und seine Geschichte, besonders sein Verkauf durch die Brüder, giebt dem Orientalen Stoff zu mancherlei Vergleichungen und Allegorien.

[4]) Der Sinn ist: Komm (um mit mir zu trinken), denn die vom Schicksal uns auferlegte Last wird weder durch Enthaltsamkeit, die du übst, noch durch Genuss, dem ich mich ergeben, verringert. *Kâr-xâna,* Arbeitshaus, wird hier sehr treffend die Welt genannt. *Tu-î,* eig. ein Du, d. i. einer wie

Bi rûz i ḥâdiṡa ġam bâ śarâb bâyad xward,
Ki i'timâd bi kas nîst dar cunîn zaman-î.
Zananda bâd i ḥawâdiṡ: na mî tuwân dîdan,
Dar în caman, ki gul-î bûda ast, yâ saman-î[5]).
Bi ṣabr kûś tu, ay dil, ki Ḥaḳḳ rahâ na kunad
Cunân 'azîz nigîn[6])*-î bi dast i Ahrimanî.*
Mizâj u martaba ham śud dar în balâ, Ḥâfiẓ;
Kujâ 'st fakr i ḥakîm-î va ra'y i Ahrimanî? —

Aus Xâḳânî's Divân.[1])

No. 15.

Ġazal.[2])

'Âlam-afrûz nahârâ[3])*, ki tu î!*
Laśkar-âśûb suvârâ, ki tu î!
Ham śukûfa-dil u ham mîva i jân;
Bû-'l-'ajab-vâr bahârâ, ki tu î!
Aždahâ zulf-î u jâdû mužagân[4])*;*

---

du, deinesgleichen, ebenso *man-î*, meinesgleichen. Mit dem Worte *'unḳ*, Hals, will der Dichter wahrscheinlich den Genuss des Weins, das Trinken, bezeichnen.

[5]) wenn der Wind des Unglücks weht, kann man nicht unterscheiden, was in diesem Garten (der Welt) eine Rose (roth) und was ein Jasmin (weiss) gewesen sei. *Bâd zananda* ist ein Nominativus absolutus, wie er sich in vielen Sprachen findet.

[6]) *'azîz nigîn*, das theure Siegel, das Gott den Menschen aufgedrückt hat, d. i. die göttliche Seele. —

[1]) *Xâḳânî*, einer der gelehrtesten Lyriker Persiens, dichtete im Anfange des 13. Jahrhunderts (n. Chr.). Seine Gedichte gehören, eben wegen der in ihnen aufgewandten Gelehrsamkeit, selbst nach dem Bekenntniss orientalischer Schriftsteller, nicht zu den leichtesten.

[2]) Das Metrum dieses Gedichts ist das *Ramal* (a). Vgl. §. 56. Der durchgehende Reim besteht aus nicht weniger als fünf Sylben: *ârâ, ki tu î*. Lange, kunstvolle Reime sind überhaupt dem *Xâḳânî* eigen.

[3]) *nahârâ, suvârâ* etc. sind Vocative von *nahâr, suvâr* etc.

[4]) ein (in Zauberkünsten erfahrener) Drache ist eine

Kâfirâ, mu'jiza-dârâ[5]), *ki tu î!*
Tu šikâr i man, u man kušta i tu[6]);
Nâvak-andâz šikârâ, ki tu î!
Kâr bar ham zada mardum, ki man am[7]);
Zulf dar-ham šuda yârâ[8]), *ki tu î!*
Zaxm bi g'zârî u marham na kunî;
Sang-dil, zaxm-guzârâ, ki tu î!
Kuštî-am mûy, nay âzurda, bi sihr[9]);
Sâhir i nâdira-kârâ, ki tu î!
Sûxta sîna i Xâkânî râ[10]);
Âtaš-angîz nigârâ, ki tu î! —

No. 16.

Ġazal.[1])

Har rûz bi har dast-î rang-î digar âmîzî;
Har lahza bi har čašm-î šûr-î digar angîzî.

Locke (von dir) und ein Zauberer deine Wimper. Die Bilder, deren sich die Orientalen bedienen, um die Eigenschaften der Geliebten zu schildern, sind nach unserm Geschmack bisweilen etwas bizarr.

[5]) Die Geliebte wird eine (mit dem Bösen im Bunde stehende) Ungläubige genannt, deren Wunder aber doch den Wundern des Propheten zu vergleichen sind. *Mu'jiz* oder *mu'jiza* werden die Wunderthaten Muhammeds genannt, deren vorzüglichste die Spaltung des Mondes in zwei Theile war, wodurch er seiner Lehre den Sieg über Mosaismus und Christenthum verschaffte.

[6]) du bist meine Jagd (d. i. du jagst mich), und ich bin dein Getödteter (d. h. dir zur Beute geworden).

[7]) ganz und gar geschlagener Mann, der ich bin!

[8]) ganz zur verwickelten Locke gewordene Geliebte!

[9]) getödtet (vor Entzücken) hat mich dein Haar, das tadellose, durch seine Zauberkraft.

[10]) verbrannt (hast du mit Liebesgluth) die Brust *Xâkânî*'s. Die Dichter nennen im letzten *Bayt* (Distichon) eines lyrischen Gedichts in der Regel ihre Namen. Um das Metrum zu füllen, ist nach der Sylbe *sûx* in dem Worte *sûxta* und nach *Xâkânî* ein kurzer Vocal *(i)* einzuschieben. Das *î* des letzteren Wortes wird dadurch beim Lesen zu *iy*, also kurz. —

[1]) Das Metrum ist das *Hazaj* (a), mit einer Caesur in der Mitte des Verses (vgl. §. 56). Der durchgehende Reim ist zweisylbig: *îzî*.

Ṣad bazm bi ârâyî har jây, ki bi n'šînî;
Ṣad šakr bi âšûbî har gâh, ki bar xîzî.
Cun bâz cunî zulfayn[2]*, az parda birûn âyî:*
Nâ-gah bi zanî zaxm-i, cun kaž-dum[3]*, u bi g'rîzî.*
Fitna kunî-am bar xvad, pinhân šavî az casm-am[4]*;*
Cun fitna tu angîzî, az fitna ci bi g'rîzî?
Muž'gân i tu xûn-am râ, cun âb, hamî rîzand[5]*;*
Tu bar sar i man mihnat, cun xâk, hamî bîzî.
Xûn-rîxta man bînî, gûyî, ki: „na xûn i tu 'st;"
Az ġamza bi purs âxir, k' în xûn, ki mî rîzî.
Burdî dil i Xâkânî, dar zulf nihân kardî;
Tarsam, bi barî jân-aš v'az ṭurra dar âvîzî. —

No. 17.

a. *Rubâ'î.*[1]

Bar jân i man az bâr i balâ cîst, ki nîst?[2]
Bar fark i man az kahr i kažâ cîst, ki nîst?
Gûyand, ki: „cîst, tâ bi nâlî šab u rûz —?"
Az mihnat i rûz u šab ma râ cîst, ki nîst? —

b. *Rubâ'î.*

Cun nâma i tu nazd i man âmad, šab bûd[3] —

---

[2]) *zulfayn* ist eine arabische Dualform von dem Worte *zulf:* die (zwei) Locken, welche zu beiden Seiten des Gesichts herabhängen.

[3]) *kaž-dum,* Krummschwanz. Ich vermuthe, dass damit der Scorpion gemeint sei, der einen Feind mit in die Höhe gekrümmtem Schwanze zu erwarten pflegt, um ihm, bei seiner Annäherung, den giftigen Stich zu versetzen.

[4]) du bringst mich in Aufruhr über dich, und verbirgst dich dann vor meinem Auge.

[5]) Die langen Augenwimpern der Schönen werden von orientalischen Dichtern häufig mit Lanzen oder Dolchen verglichen, welche die Herzen der Männer verwunden. —

[1]) Ueber das *Rubâ'î,* sowie über das Metrum desselben vgl. No. 9, Anm. 5. Der durchgehende Reim dieses Gedichts umfasst vier Sylben: *â cîst ki nîst.*

[2]) was von des Unglücks Last giebt es, das nicht auf meiner Seele läge?

[3]) Der Reim ist einsylbig: *ûd,* erstreckt sich aber auf alle vier Verse des kleinen Gedichts.

Bar xvândam, u rûšanî digar kardam sûd.
Pas nûr i ma'ânî i tu sar bar zad[4]) *zûd:*
Andar du šab-am hazâr xvaršîd numûd. —

Aus Nizâmî's Iskandar-nâma.[1])

No. 18.

Der Quell des Lebens im Lande der Finsterniss.

Sikandar, cu âhang i zulmât[2]) *kard,*
'Inâyat bi tark i muhimmât kard;
'Inân kard sûy i siyâhî rahâ[3]);

---

[4]) *sar bar zadan,* das Haupt erheben, d. h. emporsteigen, aufgehen. Der Sinn des Ganzen ist: (v. 1) Als ich deinen Brief erhielt, war es Nacht. (v. 2) Ich las ihn und gewann dadurch wieder Licht. (v. 3) Als mir jedoch das Licht deiner Aussprüche aufging (d. h. als mir der Inhalt des Briefes klar wurde), (v. 4) da erschienen in meiner Doppelnacht (der geistigen und der wirklichen) tausend Sonnen. —

[1]) *Abû-Muhammad ibn-Yûsuf Šayx Nizâm-ad-dîn,* mit seinem Dichternamen *Nizâmî* genannt, ist der eigentliche Schöpfer des romantischen Epos. Er war im Anfange des 12. Jahrhunderts in *Ganja* geboren und erfreute sich der Gunst der seldschukischen Fürsten, die damals in verschiedenen Theilen Persiens herrschten. Sein Hauptwerk ist, ausser einem *Dîvân,* eine grosse *Xamsa,* d. i. eine Reihe von fünf grossen epischen Gedichten, deren vorzüglichstes und bekanntestes das *Iskandar-nâma* ist. Es ist dies eine sagenhafte Geschichte Alexanders des Grossen, der zum Theil griechische Quellen zu Grunde liegen. *Nizâmî* starb in hohem Alter im Jahre 1180 (n. Chr.).

Das Metrum des *Iskandar-nâma* ist das *Mutakârib* (vgl. §. 56). Die persische Heldenstrophe besteht aus zwei gleichen Hemistichien, die unter sich, aber nicht mit andern Strophen, reimen.

[2]) *zulmât,* das Land der Finsterniss, ist ein fabelhaftes Land, in dem der Quell des Lebens und der ewigen Jugend sprudeln soll. Wahrscheinlich ist darunter die libysche Wüste zu verstehen, sowie unter Alexanders Zug dorthin seine Reise nach der Ammons-Oase, auf der ein schon im Alterthum berühmter Quell entsprang. Vgl. No. 11, Anm. 3.

[3]) er gab dem Zügel Freiheit (liess den Zügel schiessen) nach der Schwärze (dem Lande der Finsterniss) hin.

Nihân šud cu mah dar dam i aždahâ[4]).
Cunân dâd farmân dar ân râh i nav,
Ki Xižr i payam-bar šavad pîš-rav[5]).
Šitâbanda xang-î, ki dar zîr dâšt[6]),
Bi dû dâd, k' û[7]) *zahra i šîr dâšt;*
Bi dân tâ bi dû Turk-tâzî kunad,
Sû i âb-xvar câra-sâzî kunad[8]).
Yak-î gavhar-aš dâd, k'andar maġâk
Bi âb âzmûdan šudî tâb-nâk[9]).
Bi dû guft, ki: „în râh râ pîš u pas
Tu î pîš-rav; nîst bîš az tu kas.
Jarîda bi har sû 'inân tâz kun[10]),
Bi huš-yâr maġz-î nazar bâz kun;
Kujâ âb i ḥayvân bar ârad furûġ,
Ki raxšanda gavhar na gûyad durûġ.
Bi xvar; cun tu xvardî bi nîk axtar-î,
Nišân dih ma râ, tâ zi man bar xvarî.“
Bi farmân i û Xižr, Xižrâ-xirâm[11]),

---

4) da verschwand er (verirrte sich in der Wüste) wie der Mond vor dem (giftigen) Hauche des Drachen. Der Dichter spielt hiermit auf eine alte Sage an, nach welcher Mond- und Sonnenfinsternisse dadurch entstehen, dass ein Ungethüm (Drache) den Mond oder die Sonne zu verschlingen droht, vor dessen Hauch diese Gestirne erblinden.

5) Nach dieser Sage soll der Prophet *Xižr*, den Andere für einen Zeitgenossen des Moses halten, sich (als Grossvezir) im Heere Alexanders befunden haben.

6) das er unter (sich) hatte = auf dem er (Alexander) ritt.

7) *k' û* steht hier für *ki*. Ein Pferd, das die Galle (den Muth) eines Löwen hatte.

8) *Xižr* sollte auf jenem (Pferde) ihm (dem Alexander) einen Streifzug unternehmen und zu einer Quelle verhelfen.

9) Alexander gab ihm einen Edelstein mit, der ihm beim Suchen des Wassers in der Tiefe (unter der Erde) leuchten sollte. In den Sagen des Orients spielen Juwelen (Ringe) eine grosse Rolle, welche die Eigenschaft haben, aufzuleuchten, wenn der Träger derselben über eine Ader edeln Metalls oder Wassers geht. (Die Wünschelruthe deutscher Sagen.)

10) als Streifzügler drehe deinen Zügel überall hin, d. h. durchstreife Alles (zu Pferde).

11) wie *Xižr* einherschreitend. Wohin *Xižr*, der ewig

Bi âhang i pîšîna bar dâšt gâm.
Zi hanjâr i laškar bi yak sû futâd,
Nazarhâ zi kimmat bi har sû kušâd.
Cu bisyâr just âb râ dar nihuft,
Na mî šud lab i tišna bâ âb juft.
Furûzanda gavhar zi dast-aš bi tâft,
Furû dîd Xizr ân, ci mî just, yâft[12]*.*
Padîd âmad ân cašma i sîm-rang,
Cu sîm-î, ki pâlâyad[13] *az nâf i sang.*
Na cašma — ki ân z' în suxan dûr bûd,
Va gar bûd, ham cašma i nûr bûd —
Sitâra cigûna buvad subḥ-gâh,
Cunân bûd, kû subḥ bâšad pagâh[14]*.*
Bi šab mâh i nâ-kâsta[15] *cun buvad,*
Cunân bûd, k' az mah bar[16] *afzûn buvad.*
Zi junbiš na šud yak-dam ârâm-gîr,
Cu sîm-âb dar dast i maflûj i pîr[17]*.*
Na dânam, ki az pâkî i gavhar-aš,
Ci mânandagî sâzam az paygar-aš.
Cu bâ cašma Xizr âšinây-î girift,
Bi dân cašm i û rûšanây-î girift.
Furûd âmad u jâma bar kand cust,
Sar u tan bi dân cašma i pâk šust.
Va z' ân xvard candân, ki bar kâr šud,
Ḥayât i abad râ sazâ-vâr šud.
Hamân xang râ šust u sîr-âb kard,

---

junge, trat, da verjüngte sich auch die Natur, und Gras und Blumen sprossten.

[12]) *yâft* steht hier statt des Part. praet. *yâfta.*

[13]) *pâlûdan,* durchseihen, reinigen, ist eigentlich ein Verbum transitivum, es muss jedoch hier in dem Sinne von durchsickern, rein werden, intransitiv genommen werden.

[14]) wo (wann) aus Morgendämmerung Morgen wird.

[15]) der unverminderte Mond, d. i. der Vollmond.

[16]) *bar* steht hier abundirend, des Metrums wegen.

[17]) Das ununterbrochene Rieseln der Quelle wird mit dem fortwährenden Zittern (eig. Quecksilber) der gichtischen Hand des Greises verglichen. Ein abendländischer Dichter würde wohl eher das erstere als Bild für das letztere genommen haben.

May i nâb dar nukra i nâb kard[18]).
Nišast az bar i xang i ṣaḥrâ-navard[19]),
Hamî dâšt dîda bar ân âb-xvard.
Ki, tâ cun šah âyad bi farxundagî,
Bi gûyad, ki: „hân caśma i zindagî!"
Cu dar caśma yak caśm zad, bi n'garîd,
Šud ân caśma az caśm i û nâ-padîd.
Bi dânist Xiżr az sar i âgahi,
Ki Iskandar az caśma mânad tihî.
Zi maḥrûmî i û na az xiśm i û
Nihân gašt, cun caśma az caśm i û[20]). —
Dar în dâsitân Rûmiyân i kuhun
Bi nav'-î digar rânda and în suxan,
Ki: Ilyâs bâ Xiżr ham-râh bûd,
Bar ân caśma, kû bar guẕar-gâh bûd.
Cu bâ yak-digar ham-vurûd âmadand[21]),
Bar ân âb i caśma furûd âmadand.
Kuśâdand sufra bar ân caśma-sâr,
Ki caśma kunad xvard râ xvaś-guvâr.
Bar ân nân, ki bûyâtar az muśk bûd,
Namak-yâfta mâhî i xuśk bûd.
Zi dast i yak-î z' ân du farrux jamâl[22])
Dar uftâd mâhî dar âb i zulâl.
Pasîjanda dar âb i fîrûza-rang

[18]) Das weisse Pferd wird mit reinem Silber verglichen, und das Wasser des Lebens mit reinem Wein.

[19]) Feld verwirrend heisst das Ross, weil sein Hufschlag den Staub des Feldes aufwirbeln machte.

[20]) Die Sage, dass den Augen Alexanders der Lebensquell wieder entschwunden sei, scheint ihren Grund in der oft beobachteten Erscheinung zu haben, welche die Italiener *Fata morgana,* Araber und Perser *sarâb* nennen. Es ist dies eine Luftspiegelung, welche dem Wanderer in der Wüste am fernen Horizonte schimmernde Wasserflächen zeigt, die jedoch beim Herankommen sich in Nichts auflösen. Die Araber sagen, diese trügerischen Bilder seien Werke der bösen Wüstengeister, die dadurch den durstigen Reisenden zur Verzweiflung treiben und verderben wollten.

[21]) als sie mit einander gingen, Wasser zu holen (suchen).

[22]) jene zwei mit Schönheit Beglückten.

Pasîjîd, tâ mâhî ârad bi cang[23]).
Cu mâhî bi cang âmad-aś, zinda bûd,
Piźûhanda râ fâl i farxunda bûd.
Bi dânist, k' ân caśma i jân-fuzâ
Bi âb i ḥayât âmad-aś rah-numâ.
Bi xvard âb i ḥayvân bi farxundagî,
Baḳâ i abad yâft dar zindagî.
Hamân yâr i xvad râ xabar-dâr kard,
Ki û nîz xvard âb az ân âb-xvard[24]). —
  Śikift-î na śud, k' âb i ḥayvân, guhar,
Kunad mâhî i murda râ jân-var;
Śikift-î dar ân mâhî i murda bûd,
Ki bar caśma i zindagî rah numûd. —

Aus Firdavsî's[1]) Śâh-nâma.[2])

No. 19.

Klage über den Tod des Sohnes.

Ma râ sâl bi g'ẓaśt bar śaṣt u panj[3]);
Na nîkû buvad, gar bi yâzam bi ganj.

---

[23]) indem er in das saphirblaue Wasser strebte (sich zu dem Wasser begab), suchte er den Fisch zu fassen.

[24]) Die biblische Sage lässt den Propheten Elias auch des ewigen Lebens theilhaftig und, ohne zu sterben, in den Himmel aufgenommen werden. —

[1]) *Abû-'l-Ḳâsim al-Manṣûr,* einer der grössten Dichter Irans, wurde 940 (n. Chr.) in der persischen Stadt *Ṭûs* geboren, und nennt sich bisweilen nach ihr: *Ṭûsî.* Den Beinamen *Firdavsî* (Firdusi), der paradiesische, scheint er von seinen Zeitgenossen wegen seiner vortrefflichen Dichtungen erhalten zu haben, obwohl Einige behaupten, er heisse deshalb so, weil sein Vater den Garten *(firdavs)* eines Landgutes in seiner Obhut gehabt habe. Schon als junger Mann kam er an den Hof des Sultans *Maḥmûd* von *Ġiznîn* (Gasna), auf dessen Befehl er sein Hauptwerk, das *Śâh-nâma,* dichtete. Dasselbe war bereits von einem andern Dichter, *Daḳîḳî,* angefangen; *Firdavsî* brauchte zu seiner Vollendung einen Zeitraum von 35 Jahren. Als ihm bei der Uebergabe des Werkes der Sultan den bedungenen Ehrensold nur theilweise auszahlen liess, ver-

Magar bahra bar gîram az pand i xvîš[4]),
Bar andîšam az marg i farzand i xvîš.
Ma râ bûd navbat: bi raft ân juvân;
Zi dard-aš[5]) *man am cu tan-î bî ravân.*
Šitâbam, magar tâ hamî yâbam-aš;
Cu yâbam, bi payǵâra bi š'tâbam-aš,
Ki: „navbat ma râ[6]) *bad tu bî kâm i man*
Cirâ raftî u burdî ârâm i man?
Zi badhâ tu bûdî ma râ dast-gîr;
Cirâ râh justî zi ham-râh i pîr?
Magar ham-rahân i juvân yâftî,
Ki az pîš i man tîz bi š'tâftî?"
Juvân râ cu šud sâl bar sî va haft[7]),
Na bar ârzû yâft gîtî[8]), *va raft.*

---

liess der Dichter unmuthsvoll den Hof und zog sich in seine Vaterstadt zurück, wo er 1020 (n. Chr.) in ziemlich dürftigen Verhältnissen starb, und zwar an demselben Tage, wo der Sultan durch eine Gesandtschaft das ihm gethane Unrecht wieder gut machen lassen wollte.

[2]) Dieses riesige Epos, das dem grossen Dichter die Unsterblichkeit gesichert hat, ist, wie *Firdausî*'s Werke überhaupt, in reinem, noch sehr wenig mit arabischen Elementen gemischtem Persisch geschrieben. Man findet in ihm auch noch nicht jene Spielereien mit Worten, welche die späteren Dichter so sehr lieben; die Sprache ist noch kräftig und concret, während sich die neuere Poesie, was die Anwendung abstracter und zum Theil mystischer Begriffe betrifft, mehr und mehr dem Arabischen nähert. Das Gedicht enthält die (sagenhafte) Geschichte der persischen Könige und Helden vom Anfange der Welt bis zum Untergange der *Sâsâniden* (Eroberung Persiens durch die Chalifen). Das Metrum des *Šâh-nâma* ist das *Mutaḳârib* (vgl. §. 56 und No. 18, Anm. 1).

[3]) ich bin fünfundsechzig Jahre alt geworden.

[4]) *xvîš* bezieht sich, wie *xvad*, immer auf das Subject des Satzes zurück, also hier: mein Rath, im folgenden Verse: mein Sohn.

[5]) *zi dard-aš*, vor Trauer über ihn.

[6]) *navbat ma râ*, an meiner Statt.

[7]) als dem Jüngling das Jahr auf 37 kam, d. i. als er 37 Jahre alt wurde.

[8]) er fand die Welt nicht nach Wunsch.

Hamî bûd ham-vâra bâ man durušt:
Bar âšuft u yak-bâra bi n'mûd pušt[9]).
Bi raft, u ġam u ranj-aš îdar bi mând;
Dil u dîda i man bi xûn ḍar nišând.
Kunûn û sû i[10]) *rûšanây-î rasîd,*
Padar râ hamî jây xvâhad guzîd.
Bar âmad cunîn rûz-gâr-î dirâz,
K' az ân ham-rahân kas na gaštand bâz.
Hamânâ ma râ cašm dârad hamî,
Zi dîr âmadan xišm dârad hamî.
Ma râ šaṣt u panj, v' û râ sî va haft!
Na pursîd az în pîr, va tanhâ bi raft.
Vay andar šitâb, u man andar dirang!
Zi kardârhâ tâ ci âyad bi cang?[11])
Ravân i tu Dâranda rûšan kunâd,
Xirad pîš i jân i tu javšan kunâd,
Hamî xvâham az Dâvar i kard-gâr,
Zi rûzi-dih i pâk, Parvard-gâr,
Ki yak-sar bi baxšad gunâh i tu râ,
Diraxšân kunad tîra mâh i tu râ[12]). —

No. 20.

Rustams[1]) Kampf mit dem Drachen.

Zi dašt andar âmad yak-î aždahâ,
K' az û pîl, guftî, na yâbad rahâ[2]).

---

[9]) *pušt numûdan*, den Rücken zeigen, weggehen, d. h. sterben.

[10]) lies: *suv i* (◡ —). Vgl. §. 55.

[11]) *bi cang âmadan*, eig. in die Faust kommen, d. i. gelingen.

[12]) Gott mag deinen dunkeln (Neu-) Mond zum glänzenden (Vollmonde) machen, d. h. er mag dich von den Flecken der Sünde reinigen (dich verklären). Der Mensch wird von persischen Dichtern häufig mit dem Monde in seinen verschiedenen Phasen verglichen. —

[1]) *Rustam*, der iranische Hercules, ist ein von orientalischen Dichtern viel besungener, mythischer Heldenkönig. Der Schauplatz seiner Thaten ist besonders *Jinnistân*, das Land der Dämonen, am Fusse des Gebirges *Ḳâf*, das die Erde umschliesst (wahrscheinlich die ganze Gebirgskette vom Kaukasus bis zum Himalaya).

[2]) welchem, sollte man meinen (wie du sagen möchtest), ein Elephant nicht entrinnen kann.

Bi dân jây-gah bûd ârâm-gâh;
Na kardî zi bîm-aš bar û dîv râh[3]).
Bi âmad, jihân-jûy râ xufta dîd,
Bar i û yak-î asp i âšufta dîd,
Pur andîša, bad tâ ki âmad padîd,
Ki yârad bi dân jây-gâh âramîd.
Na yârist kardan kas ânjâ guẓar
Zi dîvân u pîlân u šîrân i nar;
Hamân nîz k' âmad, na yâbad rahâ
Zi jang i bad-andîš narr-aždahâ.
Sû i Raxš raxšanda bi n'hâd rûy[4]):
Ravân Raxš šud nazd i dîhîm-jûy.
Hamî kûft bar xâk rûîna sum,
Hamî kûft summ u bar afšând dam.
Tahamtan cun az xvâb bîdâr šud,
Sar i pur xirad pur zi paykâr šud.
Bi gird i biyâbân hamî bi n'garîd:
Šud ân aždahâ i dižam nâ-padîd.
Abâ, Raxš i pur xîra paykâr kard!
Bi dân, kû sar i xufta bîdâr kard,
Digar bâra dar šud bi xvâb andarûn.
Zi târîkî ân aždahâ šud birûn;
Bi bâlîn i Rustam tak âvard Raxš.
Hamî kand xâk u hamî kard paxš.
Digar bâra bîdâr šud xufta mard,
Bar âšuft u rux-sâragân kard zard.
Biyâbân hama sar bi sar bi n'garîd,
Juz az tîragî û bi dîda na dîd.

---

[3]) aus Furcht vor ihm *(Rustam)* ging ein *Dîv* nicht über jenen Platz, wo *Rustams* Ruhestatt (Wohnung) war. Die *Dîven* oder *Jinnen* waren nach der Sage die früheren Bewohner der Erde. Wegen ihres Ungehorsams liess sie Gott durch seine Engel theils vernichten, theils in das Feenland *(Jinnistân)* einschliessen, worauf er die Menschen schuf, denen er die ganze Erde unterordnete. Die übrig gebliebenen *Dîven* waren den Menschen feindlich und wurden von *Rustam* und anderen Helden bekämpft.

[4]) *rûy nihâdan,* das Gesicht stellen, d. h. sich wenden (nach Etwas hin), die Richtung nehmen (auf Etwas zu).

Bi dân mihr-bân, Raxš, bîdâr guft,
Ki: „târîkî i šab na xvâhî nuhuft[5]),
Sar-am râ hamî bâz dârî zi xvâb,
Bi bîdârî i man girift-at šitâb.
Gar în bâr sâzî cunîn rust-xîz,
Sar-at râ bi burram bi šamšîr i tîz;
Payâda šavam sûy i Mâzandarân,
Kašam xvad va šamšîr va gurz i girân.
Tu râ guftam, ar šîr-at âyad bi jang[6]),
Zi bahr i tu âram man û râ bi cang[7]).
Na guftam, ki: imšab bi man bar šitâb[8]);
Hamî bâš[9]), tâ man bi junbam zi xvâb!“ —
    Sivum rah bi xvâb andar âmad sar-aš;
Zi Babrîbayân dâšt pûšiš bar-aš[10]).
Bi ġurrîd bâz aždahâ i dižam,
Hamî âtaš afrûxt, guftî, bi dam.
Carâ-gâh bi g'ẓâšt Raxš ân zamân;
Na yârist raftan bar i pahlavân.
Dil-aš z' ân šikafta bi du nîm bûd,
K'-aš az Rustam u aždahâ bîm bûd.
Ham az mihr i Rustam dil-aš nâ ramîd:
Cu bâd i damân pîš i Rustam damîd,
Xurûšîd u jûšîd u bar kand xâk;
Zi na'l-aš zamîn šud hama câk-câk.
Cu bîdâr šud Rustam az xvâb i xvaš,
Bar âšuft bar bâra i dast-kaš.
    Cunîn xvâst rûšan Jihân-âfarîn,
Ki pinhân na kard aždahâ râ zamîn.

---

5) du willst die Dunkelheit der Nacht (mir) nicht verbergen, d. h. du willst mich während der Nacht nicht schlafen lassen.

6) wenn ein Löwe zum Kampfe mit dir kommt.

7) *bi cang âvardan*, in die Faust bringen, d. i. fassen.

8) *šitâb*, Imperativ von *šitâftan*.

9) *Bûdan* hat oft die Bedeutung von: sich aufhalten, bleiben. Hier hat der Imperativ, wie es bisweilen geschieht, *hamî* bei sich. Ueber die Bedeutung von *hamî* und *mî* vgl. §. 22.

10) seine Brust behielt die Kleidung des *Babrîbayân*, d. h. er zog das Panzerhemd nicht aus.

Bi dân tîragî Rustam û râ bi dîd,
Sabuk tîġ i tîz az niyâm bar kašîd.
Bi ġurrîd bar sân i abr i bahâr,
Zamîn kard pur z' âtaš i kâr-zâr.
Bi dân aždahâ guft: „bar gûy nâm,
K' az în pas na bînî tu gîtî bi kâm!
Na bâyad, ki bî nâm bar dast i man
Ravân-at bar âyad zi târîk tan."
Cunîn guft diž-xîm narr-aždahâ,
Ki: „„az cang i man kas na yâbad rahâ;
Ṣad andar ṣad în dašt jây i man ast,
Baland âsmân-aš havâ i man ast[11])."" "
Bi dû aždahâ guft: „„nâm i tu cîst?
Ki zâyanda râ bar tu bâyad girîst."" "
Cunîn dâd pâsux, ki: „man Rustam am,
Zi Dastân i Sâm am, ham az Nîram am.
Bi tanhâ yak-î kîna-var laškar am,
Bi Raxš i dil-âvar zamîn bi s'piram.
Bi bînî zi man dast-burd i nabard:
Sar-at râ ham aknûn bar âram bi gard."
Bar âvîxt bâ û bi jang aždahâ;
Nay âmad bi farjâm ham z' û rahâ.
Cu zûr i tan i aždahâ dîd Raxš,
K' az ân sân bar âvîxt bâ tâj-baxš,
Bi mâlîd gûš u dar âmad šikaft,
Bi kand aždahâ râ bi dandân du kuft;
Bi darrîd pušt-aš bi dân sân cu šîr.
Dar û xîra šud pahlavân i dilîr;
Bi zad tîġ u bi 'ndâxt az tan sar-aš,
Furû rîxt, cun rûd, xûn az bar-aš.
Zamîn šud bi zîr i taf-aš nâ-padîd;
Yak-î cašma i xûn az û bar damîd.
Cu Rustam bi dân aždahâ i dižam

---

[11]) Die Construction in diesen beiden Versen ist ungenau. Der Sinn scheint zu sein: Hundert und aber hundert mal grösser als diese Ebene ist mein Besitz (Platz), der hohe Himmel ist meine (für mich bestimmte) Luft.

Nigah kard, bar u yâl u ân tîz dum,
Biyâbân hama zîr i û dîd pâk,
Ravân xûn i garm az bar i tîra xâk:
Bi tarsîd u bas dar šikist-î bi mând.
Hamî pahlavân nâm i Yazdân bi xvând,
Bi âb andar âmad, sar u tan bi šust;
Jihân, juz bi zûr i Jihân-bân, na just.
Bi Yazdân cunîn guft, k': „ay Dâd-gar,
Tu dâdî ma râ dâniš u zûr u far;
Ki pîš-am ci šîr u ci dîv u ci pîl,
Biyâbân i bî-âb u daryâ i nîl!
Bad-andîš bisyâr, agar andak-î 'st:
Cu xišm âvaram, pîš i cašm-am yak-î 'st.“[12]) —

No. 21.

Alexanders Begegnung mit Darius.

Cu bi š'nîd Dârâ, ki laškar zi Rûm
Bi xanbîd va âmad bar în marz u bûm,
Bi raftand az Iṣṭaxr candân sipâh,
K' az anbûh bar bâd-bar nîst râh.
Hamî dâšt az Pâras âhang Rûm,
K' az Îrân guẕârad[1]) *bi âbâd bûm.*
Cu âvard laškar bi pîš i Farât,
Šumâr i sipâh bûd pîš az batât.
Bi gird i lab i âb laškar kašîd,
Zi javšan kas-î âb i daryâ na dîd.
Sikandar, cu bi š'nîd, ki âmad sipâh,
Paẕîra šudan râ bi paymûd râh;
Miyân i du laškar du farsang mând.
Sikandar jihân-dîdagân râ bi xvând;
Zi har gûna bâ vay hamî rândand,
Suxanhâ i Dârâ bar û xvândand.

---

[12]) Der Sinn ist: Ob der Bösen viel oder wenig sind: wenn ich in Zorn gerathe, ist es mir einerlei. —

[1]) *guẕârad* hier des Metrums wegen für *guẕarad* (von *guẕaštan*, überschreiten, hingehen). Unter *âbâd bûm* ist Indien zu verstehen.

Cu šîr âmad, az guftan i rah-numây
Cunîn guft, k': „aknûn, juz în, nîst ra'y,
Ki man cun rasûl-î šavam pîš i û,
Hama bar girâyam kam u pîš i û[2]*)".*
Kamar xvâst, pur gavhar i šâh-vâr,
Yak-î Xusravî jâma i zar-nigâr,
Yak-î bâra i xûb, zarrîn-sitâm,
Bar în andarûn tîġ i zarrîn-niyâm[3]*).*
Suvârî dah az Rûmiyân bar guzîd,
Ki gûyand u dânand guft u šinîd[4]*).*
Cu âmad[5]*) nazdîk i Dârâ firâz,*
Payâda šud u burd pîš-aš namâz.
Jihân-dâr Dârâ mar û râ bi xvând,
Bi pursîd u nazdîk i gâh-aš nišând.
Hama nâm-dârân furû mândand,
Bar û dar nihân âfrîn xvândand,
Zi dîdâr i vay u zi farhang i û,
Zi bâlâ va az šâx u âhang i û. —
Nuxust âfrîn kard bar šahr-yâr,
Ki: „jâvîd bâd în sar i tâj-dâr!
Sikandar cunîn guft[6]*), ki: ay nîk-nâm,*
Bi gîtî bi har jây gustarda, k' am,
Ma râ ârzû nîst bâ šâh jang.
Na dar bûm i Îrân giriftan dirang
Bi rânam, ki îdar zamîn andak-î;
Bi gardam, bi bînam jihân râ yak-î.
Hama râstî xvâham u nîkuî:
Bi vîža, ki sâlâr i Îrân tu î." —

* * *

[2]) Sich zu dem Wenigen und dem Vielen Jemandes wenden, d. i. seine Schwäche und seine Stärke erforschen.

[3]) darüber (ausserdem) ein Schwert in goldener Scheide.

[4]) welche mit reden und zugleich das Gehörte merken sollten.

[5]) *âmad* ist — — gebraucht, obgleich ein Hülfsvocal *(i)* dahinter einzuschieben ist. Vgl. No. 11, Anm. 12.

[6]) Alexander giebt sich das Ansehen eines Gesandten, der im Namen seines Herrn (Alexanders) mit Darius unterhandeln soll. —

Sikandar cu bi š'nîd, ki âmad sipâh[7]*,*
Bi zad kûs va âmad zi laškar bi râh.
Du laškar, ki ân râ girâna na bûd;
Cu Iskandar andar zamâna na bûd[8]*).*
Zi sâz u zi gardân i har du gurûh
Zamîn hamcu daryâ bar û kard kûh[9]*).*
Suvârân i jangî pas, u pîl pîš,
Hama bar girifta dil az jân i xvîš;
Zi pas nâla i nây u Hindî darây:
Hamî xâk râ dil bar âmad zi jây.
Az âvâz i aspân u bâng i sarân,
Carangîdan i gurzhâ i girân
Tu guftî: zamîn kûh i jangî šuda 'st,
Zi gird âsmân rûy i rangî šuda 'st.
Bi yak hafta gardân bar xâš-jûy
Bi rûy andar âvarda bûdand rûy;
Bi haštum dar âmad yak-î tîra gard,
Bar ân sân, ki xvaršîd šud lâjvard.
Bi pûšîd dîdâr i Îrân sipâh,
Na dîdand, juz xâk i âvurd-gâh.
Jihân-dâr Dârâ bi pîcîd rûy,
Hamân nâm-var laškar i jang-jûy.
Bi rûd i Farât andar âmad sipâh,
Girîzân bi rafland az ân razm-gâh;
Sipâh i Sikandar pas andar damân —
Yak-î pur ġam, u dîgar-î šâd-mân.
Sikandar bi jast tâ lab i rûd-bâr;
Bi kuštand Îrâniyân bî šumâr. —

---

7) das Heer der Perser. Alexanders List war entdeckt worden; man stellte ihm von persischer Seite nach, es gelang ihm jedoch, des Nachts aus dem Lager des Darius zu entkommen. Am andern Morgen rüsteten sich beide Heere zur Schlacht.

8) wie Alexander gab es zu der Zeit Niemand weiter.

9) Wellenberge. Die Bewegungen der beiden Heere machten, dass das Feld wie ein Wellen schlagendes Meer erschien. —

Glossar.

Abbreviaturen.

a. = arabisch.
a. p. und p. a. = halb arabisch und halb persisch; arabisch mit persischer Endung.
coll. = Collectiv.
pl. = Plural.
pl. fr. = Pluralis fractus.
pr. = Praesens.

A.

â u. *ây*, Imperativ v. *âmadan*.
âb, Wasser.
abâ, hei, ach (Ausruf).
abad, a. Ewigkeit.
âbâd, angenehm, wohlgepflegt.
'Abd-al-malik, a. fünfter Chalif aus der Dynastie der *Umayyaden*.
ablaḳ, a. scheckig.
abr, Wolke, Gewitterwolke.
âb-xvar u. *âb-xvard*, Quelle.
'adam, a. Mangel, Nichtsein.
'âdat, a. Gewohnheit.
af'â, a. Schlange, Natter.
afrâxtan, pr. *afrâzam*, erheben.
âfrîn, Lob, Preis.
afrûxtan, pr. *afrûzam*, entzünden, anbrennen, *bar a.*, dasselbe.
-afrûz, entzündend, erleuchtend.
-afšân, ausgiessend.
afšândan, pr. *afšânam*, ausgiessen, ausstreuen; *bar a.*, dasselbe; *dam a.*, hauchen, athmen.
afšurda, gedrückt; fig. niedergeschlagen.
âftâb, Sonne.
afzûn, mehr.
afzûdan, pr. *afzâyam*, vermehren.
âgâh, wissend, kundig.
âgahî, Kenntniss, Kunde.
agar, wenn.
agarci, obwohl, wenn auch.
âġâz, Anfang; *â. kardan*, anfangen.
ahamm, a. wichtiger, am wichtigsten.
âhang, Absicht, Vorsatz, Plan; *â. dâštan* u. *â. kardan*, beabsichtigen, anstreben.
'ahd, a. Zeit; Auftrag, Uebereinkunft.

ahl, a. coll. Volk, Einwohnerschaft, Leute.
Ahriman, das verkörperte böse Princip in der Mythologie der alten Perser.
Ahrimanî, daemonisch, böse; närrisch; der Böse, Satan.
âîn, Sitte, Gewohnheit.
ajal, a. Tod, Lebensende.
'Ajam, a. coll. Perser; persisch (eig. fremd).
âkandan, pr. *âkandam,* füllen, stopfen.
aknûn u. *kunûn,* jetzt, nun, eben.
akrâm, a. Würde, Ehre, Adel.
aḳallâ, a. das Wenigste; adv. wenigstens.
'aḳliyya, a. geistig, intellectuell.
'alà-ḥida, a. für sich, gesondert.
'alam, a. Zeichen, Feldzeichen, Standarte.
'âlam, a. Welt.
albatta, a. gewiss, wohlan!
'alîl, a. krank, elend.
am, ich bin.
-am, mein; mich, mir.
'âm, a. allgemein, gewöhnlich.
âmadan, pr. *âyam,* kommen; geschehen, werden; *bar â.,* herauf kommen, steigen; *dar â.,* herein kommen, hinein gehen.
âmâda, bereit, fertig.
âmad-šud, Hin- und Hergehen, Ein- und Ausgehen, Besuch.
'amal, a. Werk, That; Amt.
amân, a. Treue, Glaube; Gnade.
amîn, a. treu.
âmîxtan, pr. *âmîzam,* mischen.
ammâ, a. aber, jedoch.
amr, a. Sache.
âmûxtan, pr. *âmûzam,* lehren; lernen.
ân, jener, e, es; der, die, das.
'anbar, a. Ambra.
anbûh, zahlreich, viel; Menge.
and, sie sind.
andak, klein, gering; Weniges;
andak-î, ein wenig, etwas.
andâm, Statur, Gestalt.
andar, in, innerhalb.
andarûn, darin, innerhalb.
andâxtan, pr. *andâzam,* werfen.
andâz, Wurf, Werfen.
-andâz, werfend.
-andîš, sinnend, denkend; beabsichtigend, wünschend.
andîša, Nachdenken; Furcht.
andîšîdan, denken; bekümmert sein; mit *az; bar a.,* bekümmert sein.
andûh, Trauer, Kummer.
angîxtan, pr. *angîzam,* erregen.
-angîz, erregend.
angûr, Weintraube.
ânjâ, dort, da; *â. ki,* da wo.
anjuman, versammelt; Versammlung.
ar, wenn (= *agar*).
-ârâ, schmückend, zierend.
'Arab, a. coll. Araber; arabisch.
'Arabî, a. arabisch; Araber.
âram v. *âvardan.*
ârâm, Ruhe.
ârâm-gâh, Ruheplatz.
ârâm-gîr, ruhig, ruhend.
ârâmîdan u. *âramîdan,* ruhen.
ârâstan, pr. *ârâyam,* zieren, schmücken.
'arîż, a. breit.
arj-mand, werthvoll, köstlich.
arj-mandî, Werth, Auszeichnung.
'arṣa, a. Feld, Boden.
arzân, wohlfeil, billig.
arzîdan, werth sein, gelten.
ârzû, Wunsch, Begierde.
'arż, a. Breite; Erklärung; *'a. kardan,* erklären.
'arża dâdan, a. p. ausbreiten; öffentlich zeigen.
'asas, a. pl. fr. (v. *'âss*) Wächter.

asb u. *asp*, Pferd.
asb-šinâs, Pferdekenner.
asîr, a. Gefangener.
âsiyâ u. *âsiyâ-χâna*, Mühle.
âsiyâ-bân, Müller.
âsmân, Himmel.
ast, er ist.
âsûda, ruhig, unthätig.
âsûdagî, Ruhe, Rast, Ausruhen.
âsûdan, pr. *âsâyam*, ruhen.
'aṣva, a. Bosheit.
-aš, sein, ihr; ihn, sie; ihm, ihr.
âšikâr, offen, öffentlich; deutlich.
âšinây, Kenntniss.
-âšûb, verwirrend; erzürnend.
âšûbam v. *âšuftan*.
âšufta, unruhig; zornig.
âšuftan, pr. *âšûbam*, zürnen, aufbrausen; stören, erregen, erzürnen; mit *bar*; *bar â.*, erzürnen.
ašχâṣ, a. pl. fr. (v. *šaχṣ*), Personen, Leute.
ašyâ, a. pl. fr. (v. *šay*), Sachen, Dinge, Angelegenheiten.
-at, dein; dich, dir.
âtaš, Feuer.
'aṭâ, a. Gabe, Geschenk; *'a. farmûdan*, schenken.
aṭlas, a. Atlas, Seidenzeug.
âvardan, pr. *âvaram* u. *âram*, bringen; *bar â.* dasselbe.
âvâz, Stimme; Laut; *â. dâdan*, rufen.
âvîχtan, pr. *âvîzam*, hängen, aufhängen; hangen; *bar â.*, anhängen; mit *az*.
avrang, Thron.
âvurd-gâh, Schlachtfeld.
avval, a. zuerst; der erste.
Aχfaš, a. ein arabischer Grammatiker.
âχir, a. letzt, äusserst; Ende; adv. zuletzt.
âχirat, a. das künftige Leben, Jenseits.
aχtar, Gestirn; Constellation.
ay, o, ach.
âyam v. *âmadan*.
'ayb, a. Tadel; *'a. justan*, tadeln.
ayvân, Hof, Palast (des Königs).
ayyâm, a. pl. fr. (v. *yavm*), Tage.
az, von, aus; als (nach Comparativen).
âz, Begierde, Gier.
âzâd, frei.
'azîz, a. theuer, werth, geehrt; Titel des Grossvezirs.
'azl, a. Absetzung (vom Amte); *'a. kardan*, absetzen.
'azm, a. Vorsatz, Ziel.
âzmûdan, pr. *âzmâyam*, aufsuchen, versuchen, untersuchen.
âzurdan, pr. *âzâram*, beleidigen, angreifen.
aždahâ, Drache.

B.

b' = *bi*.
bâ, mit; *bâ ham*, zusammen.
bâb u. *bâbat*, a. Sache, Geschäft.
Babrîbayân, *Rustams* Schlachtgewand, Panzerhemd.
bad, schlecht, böse; Uebel, Böses.
ba'd u. *ba'd az*, a. nach; *ba'd az ân*, nachher, darauf.
bâd, Wind.
bâda, Wein.
bâdâ = *bâd* u. *buvâd*, es sei, geschehe; *ma bâdâ ki*, damit nicht (eig. es geschehe nicht, dass).
bad-andîš, Böses sinnend.
bâd-bar, (eig. Windbringer) Wind.
bad-gû u. *bad-gûy*, Verleumder.

badr, a. Vollmond; runde Platte, Teller.
bâġ, Garten.
baġal, a. Achsel, Schulter.
bahâr, Frühling.
bahr, Theil, Loos; wegen; *az (zi) bahr i*, wegen.
bahra, Theil, Portion; Loos.
bahs, a. Untersuchung, wissenschaftliches Gespräch.
baḳâ, a. Beständigkeit, Dauer.
balâ, a. Unglück, Uebel.
balà, a. ja, jawohl (im gemeinen Leben oft *balî*).
bâlâ, Höhe; Statur; *(bi) bâlâ i*, auf, über.
baland, hoch, gross.
balandî, Grösse, Macht.
bâlîn, Kissen, Bett.
balki, a. p. sondern, vielmehr.
bâm, Dach (flaches).
banda, Sclav, Diener.
bandagî, Knechtschaft, Dienst.
bâng, Schall, Lärm; Ruf.
banî, a. pl. Söhne, Nachkommen.
banî-'l-'Abbâs, a. Dynastie der Abbassiden.
banî-Umayya, a. Dynastie der Umayyaden (Omajjaden).
bar, Brust; Frucht; auf, über, an, bei, für; *bar i* u. *az bar i*, auf, über.
bâr, Last; Frucht; Mal; *bâr-î* u. *yak bâr*, einmal; *bârhâ*, verschiedene mal, oft.
bâra, Mal; Ross, Pferd; *yak-bâra*, einmal, auf einmal.
barâdar, Bruder.
baram, v. *burdan*.
barât, a. Brief; Geldbrief, Wechsel.
barây i (barâ i) u. *az barây i*, wegen, für.
bâr-gâh, Palast, königlicher Hof.
bârîk, dünn.
bas, viel, sehr; genug; ja, gewiss.
bastan, pr. *bandam*, binden, fesseln.
bâśam, v. *bûdan*.
baśar, a. coll. Menschheit, Menschen.
batât, a. Proviant.
bâṭil, a. eitel, falsch.
bâvar, wahrhaft, Wahrheit redend; *bâvar kardan*, Glauben schenken, mit *az* d. Pers.
baxîl, a. geizig, Geizhals.
baxśîdan, schenken; verzeihen.
baxt, Glück; Geschick.
bâyad, es ist nöthig, man muss; mit dem abg. Inf.
bâyistan, sich ziemen, nöthig sein.
bâz, wieder; zurück; *b. kardan*, aufschlagen (ein Buch).
bazm, Mahl, Gastmahl.
bazl, a. Freigebigkeit.
bi, an, bei, zu; mit; Zeichen des Dativs; Hülfspartikel (beim Praes., Praet. u. Imperat.).
bî, ohne.
bî-âb, wasserlos.
bîdâr, wach; *b. śudan*, aufwachen.
bîdârî, Wachen (das Gegentheil v. Schlaf).
bih, gut; Compar. *bihtar*.
bilâd, a. pl. fr. (v. *balad*), Länder; Städte.
bi-'l-âxira, a. endlich.
bi-'l-favr, a. sogleich.
bîm, Furcht; Gefahr.
bîmâr, krank.
binâ, a. Bau, Gebäude; *b. kardan*, anfangen.
bînam, v. *dîdan*.
bîrûn u. *birûn*, hinaus; ausserhalb.
bîst, zwanzig.

bisyâr, viel; sehr.
bîš, mehr; Compar. *bîštar*, dass.
bišârat, a. frohe Nachricht.
bišr, a. Lust, Heiterkeit.
bi-xirad u. *bi-x'rad*, klug, weise.
bîxtan, pr. *bîzam*, sieben, streuen.
biyâbân, Wüste.
bîzam, v. *bîxtan*.
bûdan, pr. *buvam* u. *bâšam*, sein.
bû-'l-'ajab, a. Zauberer (eig. Vater des Wunders).
bû-'l-'ajab-vâr, a. p. wunderbar, bezaubernd.
bûm, Land.
bun, Wurzel, Ende, Aeusserstes.
burdan, pr. *baram*, tragen, bringen; wegnehmen.
burrîdan u. *burîdan*, spalten, trennen, abhauen; sich trennen.
bûstân, Garten.
Bûšihr, Stadt am persischen Golf.
but, Götzenbild.
buvam, v. *bûdan*.
bûy, Geruch, Duft.
bûyâ, duftend, wohlriechend; Comparat. *bûyâtar*.
buz, Ziege.
buzak, dim. d. vor., Zickchen, kleine Ziege.
buz-ġâla, Ziegenböckchen.
buzurg, gross; mächtig.

C.

câbuk, schnell (= *sabuk*).
câh u. *cah*, Brunnen.
cahâr u. *câr*, vier.
cahârum u. *cârum*, der vierte.
cahra, Gesicht, Antlitz.
câk, Riss; *câk-câk*, ganz zerrissen, voll Risse.
caman, Wiese, Garten.
cand, wie viel; einige, viele; so viele.
candân, so viel.
cang, Faust, Klaue, Hand.
cara, Weide; *c. kardan*, weiden.
câra, Hülfe, Mittel.
carâ-gâh, Weideplatz.
câra-sâzî, Abhülfe, Hülfsmittel.
carangîdan, rasseln.
cârum, der vierte (= *cahârum*).
cašm, Auge; Blick; *c. dâštan*, erwarten.
cašma, Quelle.
cašma-sâr, Quellort, wasserreiche Gegend.
câuš, Zugführer, Ordner; Corporal.
ci, was, was für ein; warum.
cigûna, wie, auf welche Weise.
cîn, Falte, Runzel.
cirâ, warum.
cîst, was (wer) ist es.
cîz, Sache; *cîz-î*, Etwas.
cu u. *cun*, wie? wie; wann, als; da, weil.
cûb, Holz, Stock.
cûlâh, Weber.
cun = *cu*.
cunân u. *cunîn*, so; solch ein.
cust, eilig, rasch.

D.

dâd, Geschenk; Recht, Billigkeit.
dâdan, pr. *diham*, geben; *bâz d.*, zurückgeben; *dar d.* herein geben.
Dâd-gar, (Richter) Beiname Gottes.
daf'a, a. Mal; *yak d.*, einmal, ein für allemal.

dafn, a. Begräbniss; *d. kardan*, begraben.
daftar, Buch, Liste.
dah, zehn.
dahil, Trommel; *dahil-kûb*, Trommler; *dahil-kûbî*, Trommelschlag, Trommeln.
dahr, a. Zeit; Welt.
dâim, a. beständig.
dalâlat, a. Weisung, Anzeige; *d. kardan*, weisen.
dalîl, a. Beweis.
dallâl, a. Wegweiser; Unterhändler (Pferdehändler).
dalv, a. Schöpfgefäss, Eimer.
dam, Hauch, Athem.
dâman, Saum, Zipfel (am Kleide).
damîdan, hauchen, wehen; fliegen.
dân, jener, er (nur nach *bi*), = *ân*.
dâna, Korn; Getreide.
dânâ, wissend, kundig; *d. bi*, bekannt mit.
dânam v. *dânistan*.
dandân, Zahn; Spitze.
dânistan, pr. *dânam*, wissen, erfahren.
dâniś, Weisheit, Klugheit.
dâniśmand, weise, gelehrt; Gelehrter.
dar, Thür; in.
Dârâ, Darius.
dâram, v. *dâśtan*.
Dâranda, (Erhalter) Beiname Gottes.
darây, Cymbel, Schelle, Klingel.
dard, Schmerz, Sorge, Trauer.
dar-gâh, Hof, Palast (eig. Pforte).
dar-ham, zusammen, verwickelt.
darrîdan u. *darîdan*, zerreissen, zerfleischen; rupfen.
dars, a. Vorlesung, Unterricht; *d. guftan*, unterrichten.
dârû, Heilmittel.
darûn, innerhalb, darin.
darvîś, Derwisch; Armer.
daryâ, Meer; Strom.
dâsitân, Erzählung.
dast, Hand; Vorderfuss.
Dastân, Beiname *Zâl's*, des Vaters von *Rustam*.
dast-burd, Vorzüglichkeit.
dast-gîr, Helfer, Stütze.
dast-kaś, kräftig, stark.
daśt, Ebene.
dâśtan, pr. *dâram*, halten, haben; für Etwas halten (mit d. dopp. Acc.); *bar d.*, aufheben, wegnehmen.
Dâvar, (Richter) Beiname Gottes.
davlat, a. Glück; Herrschaft.
dîda, Gesicht; Auge.
dîdan, pr. *bînam*, sehen.
dîdâr, Anblick.
dîgar u. *digar*, ander, der Andere; adv. anders, weiter, ferner; wieder.
diham, v. *dâdan*.
dîhîm, Krone; *dîhîm-jûy*, Kronen begehrend, Beiname *Rustams*.
dil, Herz; *dil-âvar*, beherzt, kühn.
dilîr, kühn, beherzt.
dil-kaś, Herz gewinnend.
dîn, dieser (nur nach *bi*), = *în*.
dîn, a. Religion, Glaube.
dînâr, Denar, eine Goldmünze.
dîr, lang dauernd, lange; spät.
dirang, Zögern, Verweilen.
diraxśân, glänzend, blitzend.
dirâz, lang; *dirâz-gûś*, Esel (eig. Langohr).
dirâzî, Länge.
dirham, Drachme, eine Silbermünze.
dîv, Daemon, böser Geist.

dîvân, Sammlung lyrischer Gedichte; pl. v. *dîv*.
dîvâr, Wand, Mauer.
diyâr, a. Gegend, Land.
dižam, schrecklich.
diž-xîm, Böses wollend.
du, zwei; *har du*, beide.
dû, er, sie, es (nur nach *bi*), = *û*.
dum, Schwanz.
dunyâ, a. Welt, irdische Welt.
dûr, fern, weit; fremd; ausgenommen.
du-raga, (zweiaderig) von gemischtem Blute.
durûġ, Lüge.
durust, recht, gut.
durušt, hart, rauh.
dûst, Freund; freundlich, lieb.
dûstî, Freundschaft.
dušman, Feind.
duvîst, zweihundert.
duxtar, Tochter, Mädchen.
duzd, Dieb.

F.

fahm, a. Verstand.
fahmîdan, a. p. verstehen.
fakr, a. Nachdenken, Sorge; *f. kardan*, überlegen, bedenken.
faḳîh, a. Gelehrter (bes. des Rechts).
fâl, a. Vorbedeutung, Omen.
fals, a. Obolus, eine kleine Kupfermünze.
far u. *farr*, Pracht, Majestät.
farâġat, a. Musse, Ruhe.
farâham, Vereinigung, Verbindung; *f. âvardan*, vereinigen.
Farât, a. Euphrat.
farâx, weit, breit.
farâxî, Ueberfluss.
fardâ, morgen.
farhang, Anstand, Klugheit.
fâriġ, a. frei, fertig, ledig; mit *az*.
Fâris, a. Persien.
Fârisî, a. persisch.
farjâm, Ende.
farḳ, a. Scheitel.
farmân, Befehl.
farmûdan pr. *farmâyam*, befehlen; sagen.
farrux, glücklich, beglückt.
farsang, Parasange, ein Wegmass von 12,000 Schritt.
farxunda, glücklich.
farxundagî, Glückseligkeit, Glück.
faryâd, Geschrei, Geheul.
farzand, Sohn, Kind.
fažl, a. Vorzug, Auszeichnung.
firâš, a. Teppich, Polster, Bett.
firâz, oberhalb; gegenüber; *firâz i*, auf.
firâzî, Höhe.
firistâdan, pr. *firistam*, schicken.
fîrûza, Saphir; saphirblau.
fišândan, pr. *fišânam*, giessen, ausstreuen (= *afšândan*).
fitna, a. Aufruhr, Erregung.
fulâd, Stahl.
furû u. *furûd*, herab, nieder; unten.
furûġ, Glanz.
furûš, Verkauf.
furûxtan, pr. *furûšam*, verkaufen.
furûxtan (= *afrûxtan*), pr. *furûzam*, entzünden, erleuchten; hell werden.
futâdan (= *uftâdan*), fallen; geschehen (zufällig); kommen.
fuzûdan (= *afzûdan*), pr. *fuzâyam*, zunehmen; vermehren.
fuzûn u. *afzûn*, mehr.

G.

gadâ, arm.
gadâî, Armuth.
gâh, Thron; Zeit, Mal; *har gâh ki*, jedesmal wenn, so oft als.
gâm, Schritt, Tritt.
ganj, Schatz.
gar, wenn (= *agar*).
gard, Erde; Staub.
gardan, Hals, Nacken.
gardân, Bewegung; Angriff.
gardânîdan, wenden, drehen; bewirken, machen.
gardîdan, sich wenden, drehen; werden, geschehen.
garm, warm, heiss.
gaštan, pr. *gardam*, sich drehen, sich wenden; wenden; werden, geschehen; kommen; *bâz g.*, zurückkehren.
gâv, Rind, Kuh, Ochs.
gavhar, Edelstein, Juwel.
gav-kunâr Mohn, Mohnkopf.
gîram, v. *giriftan*.
girân, schwer, gewichtig.
girâna, Maass, Zahl.
girâyîdan u. *girâyistan*, pr. *girâyam*, sich neigen, sich wenden, anstreben.
gird, Kreis; Umfang; *(bi) gird i*, um, ringsum.
giriftan, pr. *gîram*, nehmen, fassen, annehmen; meinen; anfangen, angreifen; *bar g.*, aufnehmen, annehmen.
giristan, pr. *giriyam*, weinen.
girîxtan, pr. *girîzam*, fliehen.
gîtî, Welt.
gû, Rede, Sprechen.
guftan, pr. *gûyam*, sagen, sprechen; *bar g.*, ansagen, nennen.
guhar, Juwel (= *gavhar*).
gul, Rose; Blume.
gul-rux, rosenwangig.
gum, verloren; *g. šudan*, verloren gehen.
gum-rah, vom Wege verirrt.
gûn u. *gûna*, Farbe; Art.
gunâh, Sünde, Schuld.
gûr-istân, Begräbnissplatz, Kirchhof.
gurûh, Heerhaufe, Trupp.
gurz, Keule.
gustardan, ausbreiten.
gûš, Ohr.
gûša, Winkel, Ecke.
gušâda, offen.
gušâdan, öffnen; erobern (= *kušâdan*).
gûyâ u. *gûyî*, so zu sagen, gleichsam.
gûyam, v. *guftan*.
guzand, Schaden.
guẕar, Uebergang; *g. kardan*, vorüber gehen.
-guẕâr, lassend, zurücklassend.
guẕar-gâh, Weg, Passage.
guẕaštan, pr. *guẕaram* (mit *bar* u. *az*) überschreiten, vorübergehen; (mit *bi*) hingehen.
guẕâštan, pr. *guẕâram*, lassen, verlassen, entlassen; zulassen, erlauben.
guzîdan, pr. *guzînam*, wählen, aussuchen; *bar g.*, dasselbe.

Ġ.

ġâfil, a. unbesorgt, sorglos.
ġaflat, a. Sorglosigkeit.
ġam u. *ġamm*, a. Kummer, Trauer.
ġamza, a. Zwinken, Blicken (mit den Augen).
ġanî, a. reich.
ġârat, a. Raub; *ġ. kardan*, berauben.
ġarḳ, a. Eintauchung, Untertauchen.

ġazal, a. Ode, Gasel.
ġizâ, a. Nahrung, Nahrungsmittel.
ġulâm, a. Knabe, Diener, Knecht.
ġunûdan, schliessen.
ġurrîdan, brüllen, schreien, tosen.

H.

hadaf, a. Zielscheibe.
haft, sieben.
hafta, sieben, Siebenzahl; Woche.
hajr, a. Trennung.
ham, zugleich, zusammen; auch; *bi ham* u. *bâ ham*, zusammen.
hama, Alles, Alle; ganz.
hama-kas, Jedermann.
hamân, derselbe; desgleichen, ebenso, zugleich; nur; sogleich.
hamânâ, vielleicht, wahrscheinlich; mit folgendem *ki*.
hamcu u. *hamcun*, wie, so wie; *h. ki*, dasselbe.
hamcunân, ebenso; gleichwohl.
hamî, eben; Hülfspartikel (beim Praes. u. Imperf.).
ham-maktab, p. a. Mitschüler.
ham-râh u. *ham-rah*, zusammen reisend; Reisegefährte, Begleiter.
ham-vâra, beständig, immer.
hân, sieh da!
hanjâr, Weg.
hanûz, noch; jetzt.
har, jeder, alle; *har du*, beide; *har ki*, wer auch immer.
harân, Jeder.
har-cand, wie sehr auch, wie viel immer.
harci, Alles was, was auch immer.
har-gâh, so oft als, so bald als; wann, als.
har-giz, jemals; niemals; jedesmal.
har-kas, Jeder.
har-kudâm, ein Jeder; wer auch nur.
hastam, ich bin.
hašt, acht.
haštum, der achte.
havâ, a. Luft; Lust, Liebe.
havâ-xvâh, a. p. Anhänger.
haul, a. Furcht, Schrecken.
hazâr, tausend.
hîc, irgend ein, Etwas, Jemand; (mit folg. Negation) kein, Nichts, Niemand.
hîc-kas, irgend Jemand; (mit folg. Negation) Niemand.
himmat, a. Bestreben, Sorge.
Hindî, indisch; Inder.
hujûm, a. Eintreten, Ankunft (unwillkommene).
humâyûn, glückselig, glücklich.
hunar, Auszeichnung, Vorzüglichkeit.
hûš, Verstand, Aufmerksamkeit.
huš-yâr, klug, verständig.

Ḥ.

ḥadd, a. Grenze, Schranke.
ḥâdisa, a. (böser) Zufall, Missgeschick.
Ḥâfiz, a. ein berühmter persischer Lyriker.
ḥâjat, a. Bedürfniss, Bedarf.
ḥakam, a. Schiedsrichter.
ḥakîm, a. weise, gelehrt.
ḥakk, a. gerecht, wahr; *Ḥakk*, a. (der Gerechte) Beiname Gottes.
ḥâl, a. Zustand, Lage, Fall; gegenwärtiger Stand.

ḥâlâ, a. gegenwärtig, nun.
ḥalḳa, a. Ring.
ḥarakat, a. Bewegung.
ḥaram, a. Frauengemach, Heiligthum des Hauses.
ḥarf, a. Wort; Buchstab.
ḥarîr, a. Seide.
ḥâris, a. Wächter, Hüter.
ḥasûd, a. neidisch; Neider.
ḥâṣil, a. Zueignung, Erwerbung; *ḥ. kardan*, sich zueignen, nehmen.
Ḥâtim, a. ein bekannter Araber aus dem Stamme *Ṭay*.
ḥavâdis, a. Neuigkeit, Nachricht, Zeitung; Zufall (bes. böser); Unglück; Missgeschick.
ḥavâla u. *ḥavâlat*, a. Auftrag; *ḥ. kardan*, beauftragen, anheim stellen.
ḥayât, a. Leben.
ḥaysiyyat, a. Rücksicht; *az ḥ.*, in Betreff.
ḥayvân, a. lebendig.
ḥâżir, a. bereit, fertig.
ḥimâyat, a. Schutz, Obhut.
ḥiśmat, a. Würde, Hoheit.
ḥudûd, a. pl. fr. (v. *ḥadd*) Grenzen.
ḥujra, a. Zimmer.
ḥukm, a. Beschluss, Satzung, Befehl; *ḥ. kardan*, beschliessen, befehlen.
ḥuḳûḳ, a. pl. fr. (v. *ḥaḳḳ*) Rechte, Vorrechte.
Ḥûr, a. pl. fr. (die Schwarzäugigen) die Mädchen des Paradieses (v. *ḥavrâ*).
ḥusn, a. Schönheit.
ḥużûr, a. Gegenwart, Dasein, Dabeisein.

I.

i, Zeichen des Genitivs.
î, du bist.
-î, Zeichen der Einheit.
ibn, a. Sohn (bei Eigennamen).
Ibrâhîm, a. Abraham.
'Ibrânî, a. hebräisch.
îd, ihr seid.
îdar, hier.
idbâr, a. Unglück, Missgeschick.
ifâda, a. öffentliche Vorlesung (eig. Nutzen).
ihânat, a. Verachtung.
iḥtirâz, a. Vorsicht.
iḥtiyâj, a. Nothwendigkeit, Bedürfniss; *i. dâśtan*, bedürfen (mit *bi*).
ijtinâb, a. Zurückweichen.
iḳbâl, a. Glück.
iḳtibâs kardan, a. p. lernen.
'ilâj, a. Behandlung (ärztliche), Cur.
illâ, a. wenn nicht; ausser.
'ilm, a. Kenntniss, Gelehrsamkeit.
Ilyâs, a. der Prophet Elias.
îm, wir sind.
-imân, unser; uns.
îman, sicher.
imrûz, heute.
imśab, heute Nacht.
imtiḥân, a. Untersuchung; *i. kardan*, untersuchen.
în, dieser, e, es.
'inân, a. Zügel.
'inâyat, a. Gnade, Gunst.
înjâ, hier.
injâm, a. Schicksal (eig. Constellation).
inṣâf, a. Billigkeit.
intiḳâl, a. Uebergang; *i. yâftan*, übergehen.
intiẓâr, a. Spähen, Ausschauen.
Îrân, Iran, Persien.
Îrânî, Perser; pl. *Îrâniyân*.
Iskandar, a. Alexander d. Grosse.

îstâdan, pr. *îstam*, stehen.
istifâda, a. Bestreben, Studium, Anhören öffentl. Vorlesungen.
istiḳbâl, a. Empfang.
istirâḥat, a. Ruhe.
ist-xvân, Knochen.
iṣġâ numûdan, a. p. zuhören.
Iṣṭaxr, eine persische Stadt.
-iśân, ihr (pl.); sie, ihnen.
îśân, sie (pl.), diejenigen.
iśârat, a. Zeichen, Wink.
iśmâtat, a. Schadenfreude.
-itân, euer; euch.
i'tiḳâd, a. Ueberzeugung, Wille.
i'timâd, a. Zuverlässigkeit, Vertrauen, Stütze.
ittifâḳ, a. Zufall; adv. zufällig.
'iṭr, a. Wohlgeruch, Parfüm.
ixrâjât, a. pl. Kosten, Aufwand.
'Izrâil, a. (Asariel) der Todesengel.
'izzat, a. Ehre, Macht.

J.

jâ u. *jây*, Ort, Stelle.
ja'd, a. Locken, gelocktes Haar.
jâdû, Zauberer.
jâh, Amt, Würde.
jahd, a. Mühe, Arbeit, Fleiss.
jam', a. Sammlung, Versammlung; *j. kardan*, sammeln, beruhigen; *j. śudan*, sich sammeln, sich beruhigen; *j. bûdan*, ruhig (gesammelt) sein.
jâm, Glas, Becher, Pokal.
jâma, Kleid, Gewand.
jamâ'at, a. Tross, Heerhaufen.
jamâl, a. Schönheit, Anmuth.
jân, Seele, Geist.
jân-fuzâ, beseelend, belebend.
jang, Kampf.
jangî, kriegerisch.
jang-jûy, Kampf suchend, kriegerisch.
jânib, a. Seite, Gegend; *(bi) j. i*, in der Richtung auf, nach.
jân-var, beseelt, lebendig; Thier.
jaras, a. Glocke, Klingel.
jaras-junbân, a. p. Glockenläuter.
jarîda, a. Reitertrupp; Streifzügler.
jastan, pr. *jiham*, springen, laufen; *bar j.*, aufspringen, springen.
javâb, a. Antwort.
javhar, a. Juwel.
jâvîd, lang dauernd, ewig.
javśan, Panzer.
jây u. *jâ*, Ort, Stelle; *bi j. i*, anstatt; *har j. ki*, überall wo, wo auch nur.
jayb, a. Busen (am Gewande).
jây-gah, Platz, Ort.
Jibraîl u. *Jibrîl*, a. Gabriel, der Erzengel.
jidd, a. Fleiss, Mühe.
jiham, v. *jastan*.
jihân, Welt.
Jihân-âfarîn, (Weltschöpfer) Beiname Gottes.
Jihân-bân, (Herr der Welt) Beiname Gottes.
jihân-dâr, Herrscher.
jihân-dîda, klug, erfahren (eig. die Welt gesehen habend).
jihân-jûy, weltbegehrend, Beiname *Rustams*.
juft, gepaart, verbunden.
jumla, a. Allgemeinheit; Summe.
junbânîdan, bewegen.
junbîdan, sich bewegen.
junbiś, Bewegung.
justan, pr. *jûyam*, suchen, verlangen.
jûśîdan, brausen, wallen.
juvân, jung; Jüngling.
juvânî, Jugend.

juvân-mard, junger Mann.
juvân-mardî, Mannhaftigkeit.
jûy, Fluss, Strom.
-jûy, suchend, verlangend.
jûyân, suchend; verlangend.
juz, ausser, ausgenommen; *juz az*, dass.

K.

k' = *ki*.
kâfir, a. ungläubig; Ketzer.
kâftan, pr. *kâvam*, graben, aushöhlen; untersuchen.
kahar, braun.
kalâm, a. Rede, Worte, Gesagtes.
kalima, a. Wort.
kam, gering, wenig; zu wenig; selten; *k. šudan*, sich vermindern.
kâm, Wunsch, Neigung.
kamâl, a. Vollkommenheit.
kamar, Gürtel.
kâmil, a. vollkommen.
kamtarîn, sehr gering (Superl. v. *kam*).
kanâr u. *kanâra*, Seite, Ecke, Rand; Ufer, Küste; Busen; Umarmung.
kandan, pr. *kanam* u. *kandam*, graben, scharren; *bar k.* aufwühlen, aufreissen.
kankar-dâr, Kuppeldach.
kâr, Werk; Sache, Geschäft.
kardan, pr. *kunam*, machen, thun.
kâr-dân, erfahren, klug.
kardâr, That, Werk.
kard-gâr, allmächtig (Epith. Gottes).
karîm, a. edel, grossmüthig.
kâr-sâz, thätig, wirkend.
kârvân, Karavane.
kâr-xâna, Werkstatt, Arbeitshaus.
kâr-zâr, Schlachtfeld; Schlacht.
kas, Jemand; *kas-î*, dass.
kâstan, pr. *kâham*, abnehmen, kleiner werden.
kašîdan, ziehen, führen, schleppen; aushalten, ertragen.
kâx, Palast, Schloss.
kay, wann?
Kay, Familien-Name einer persischen Dynastie; pl. *Kayân*.
Kayvân, Saturn (der Planet).
kaž, krumm.
ki, wer, welcher; dass; weil, denn.
kibr, a. Stolz, Hochmuth.
kilîd, Schlüssel.
kîn, Hass, Rache.
kîna-var, feindlich.
kinâyat, a. Umschreibung, Anspielung.
kîn-jûy, rachsüchtig.
kîstam, wer bin ich?
kišt, Saat, Aussaat, Säen.
kišvar, Gegend, Landschaft.
kitâb, a. Buch.
kû, wo; *k' û* = *ki*.
kûcik, klein.
kûcikî, Kleinheit.
kudâm, wer, welcher.
Kûfa, a. eine Stadt in *'Irâk*.
kuft, Riss.
kûftan, pr. *kûbam*, schlagen.
kûh, Berg.
kuhun u. *kuhn*, alt.
kujâ, wo, wohin; wie.
kulâh, hohe persische Mütze.
kull, a. ganz, allgemein, hauptsächlich; Gesammtheit.
kull-bâng, a. p. allgemeiner Ruf.
kunam, v. *kardan*.
kunj, Winkel.

kunûn, jetzt, nun, eben.
kuran, nussbraun.
kûs, Pauke.
kušâd, Oeffnung; *k. kardan,* öffnen, aufmachen.
kušâdan u. *kušûdan,* pr. *kušâyam,* öffnen, lösen; eröffnen, anfangen; erobern.
kûšîdan, arbeiten, sich bemühen, wirken.
kuštan, pr. *kušam,* tödten.
kûtâh, kurz.

Ḳ.

ḳabâ, a. Gewand, Prachtkleid.
ḳâbiliyyat, a. Eigenschaft, Geschicklichkeit.
ḳabûl, a. Annahme, Empfang; *ḳ. kardan,* annehmen.
ḳadaḥ, a. Kelch, Becher.
ḳadr, a. Art, Weise; Grösse, Werth; *bi ḳ. i,* angemessen, gemäss; *ci ḳ.,* wie beschaffen, wie.
ḳahr, a. Macht, Gewalt.
ḳâ'ida, a. Grundsatz, Regel, Gesetz.
ḳalam, a. Rohr; Schreibrohr, Feder.
ḳalamî, a. spitz (wie ein *Ḳalam*).
ḳâmat, a. Gestalt.
ḳanâ'at, a. Zufriedenheit, Seelenruhe.
ḳarâr, a. Festigkeit; *ḳ. kardan,* festsetzen, bestimmen.
ḳaṣd, a. Vorsatz, Zweck, Absicht, Beschluss; *ḳ. kardan,* beschliessen.
ḳatl, a. Ermordung, Mord.
Ḳayṣar, a. Bezeichnung der römischen und byzantinischen Kaiser.
ḳażâ, a. Geschick, göttlicher Beschluss.
ḳîmat, a. Preis, Werth.
ḳismat, a. Loos, Theil; Geschick.
ḳiṣâṣ, a. Vergeltung.
ḳiṭ'a, a. (poetisches) Bruchstück, Vers, Spruch.
ḳudûm, a. Kommen, Ankunft.
ḳufl, a. Schloss (an der Thür).
ḳurb, a. Nähe.

L.

lâ, a. nein, nicht.
lab, Lippe; Rand, Ufer.
lâf, Prahlerei, Eitelkeit; *l. zadan,* prahlen, sich rühmen.
laḥẓa, a. Augenblick.
lâiḳ, a. passend, ziemend, würdig.
laîm, a. niedrig, gemein.
lâjward, Lazur; dunkelblau.
la'l, Rubin.
lâla, Tulpe.
Landan, London.
laškar, Heer, Armee.
lavḥ, a. Tafel; fig. Verstand.
livâ, a. Fahne.
luḳma, a. Bissen, Mundvoll.
luṭf, a. Güte, Gnade.

M.

ma, nicht, dass nicht (nur vor Imperativen).
ma, ich (nur vor der Partikel *râ*); *ma râ,* mich, mir.
mâ, wir.
ma'ânî, a. pl. fr. (v. *ma'nâ*), Bedeutungen, Aussprüche; Meinung.
mabâdî, a. Anfang.
madîd, a. lang.

Madyan, a. eine Stadt im steinigen Arabien.
maflûj, a. gichtbrüchig.
magar, wenn nicht; ausser; vielleicht, etwa.
maġâk, Tiefe.
maġrib, a. Westen, Occident.
maġz, Gehirn.
mâh u. *mah*, Mond; Monat.
mâhî, Fisch.
mahmûm, a. bekümmert.
maḥbûb, a. Geliebter, Liebchen.
maḥmil, a. Packsattel (für Kameele).
maḥrûmî, a. p. Entbehrung, Mangel, Nichthaben, Ausgeschlossenheit (vom Glücke).
majlis, a. Sitzung, Versammlung.
makr, a. List, Täuschung.
maḳbûl, a. angenehm, hübsch.
maḳdam, a. Ankunft.
mâl, a. Reichthum, Schätze.
malâbis, a. pl. fr. (v. *malbas*) Kleider, Kleidung.
mâlîdan, reiben; *gûś m.*, (die Ohren reiben) züchtigen.
malik, a. König.
Mâlik, a. Name des Mannes, der Joseph aus dem Brunnen gezogen haben soll.
mamlûk, a. Sclav.
man, ich.
mânand, ähnlich; *m. i*, gleichwie, gleich.
mânandagî, Aehnlichkeit.
Manbaî, Bombay.
mândan, pr. *mânam*, bleiben.
manî, Becher, Pokal.
manṣab, a. Würde, Amt.
manzil, a. Behausung; Station (auf Reisen).
manzil-gâh u. *-gah*, a. p. Station, Rastplatz; Wohnung.
manẓûr, a. Erwartung; *m. dâśtan*, erwarten.
mar, zu, für; Zeichen des Dativs und Accusativs.
mâr, Schlange.
mard, Mann.
mardî, Mannhaftigkeit.
mardum, Mann; coll. Leute.
marg, Tod.
marham, Salbe, Wundbalsam.
markab, a. Reitpferd.
martaba, a. Grad; Würde.
Marv, eine Stadt in *Xurâsân* (Chorassan).
Marvân, a. der vierte Chalif aus der Familie der *Umayyaden*.
Marvî, Einwohner der Stadt *Marv*; pl. *Marviyân*.
marz, Grenze.
mas'ala, a. Frage; Streitfrage, Abhandlung.
masnad, a. Sessel, Katheder.
maṡal, a. Sprichwort.
maṡnavî, a. ein kleines lyrisch-didactisches Gedicht.
mâ-śâ-Allâh, a. was Gott will.
maśâhîr, a. pl. fr. (v. *maśhûr*) Berühmte, Bekannte.
maśârib, a. pl. fr. (v. *maśrab*) Getränke.
maśhûr, a. bekannt, berühmt.
maśriḳ, a. Osten, Orient.
maśriḳiyya, a. östlich, orientalisch.
matâ', a. Gut, Hausrath.
ma'tam, a. Trauer.
maṭâ'im, a. pl. fr. (v. *maṭ'am*) Speisen.
maṭbû', a. angemessen, angenehm.
maûnat, a. Lebensunterhalt; Arbeit.
may, Wein.
may, dass nicht, nicht (nur vor vocalisch anlautenden Imperativen), = *ma*.
maydân, öffentlicher Platz, Hippodrom.

Mâzandarân, eine Landschaft in Persien.
mî, Hülfspartikel (beim Praes. u. Imperf.).
mih, gross; Compar. *mihtar.*
mihtar, Anführer, Vorsteher; Wärter.
mîhmân, Gast.
mihr, Liebe, Freundschaft.
mihr-bân, liebenswürdig; Liebender, Freund.
miḥnat, a. Trübsal, Unheil; Mühseligkeit.
miskîn, a. dürftig, arm.
Miṣr, a. Aegypten.
Miṣrî, a. Aegypter; aegyptisch.
mîva, Frucht.
miyân, Mitte; Mitte des Leibes (Taille); *(dar) m. i,* zwischen, mitten in.
mîz, Tisch.
mizâj, a. Mischung; Temperament; Anlage.
mîz-bân, Wirth.
mû u. *mûy,* Haar.
mu'allim, a. Lehrer.
mu'âmal, mu'âmalat u. *mu'âmala,* a. Geschäft, Handel.
mu'aṭṭar, a. wohlriechend, parfümirt.
mu'ayyan, a. deutlich, offenbar, gewiss.
muaẕẕin, a. Gebetsverkündiger.
mubâhî, a. prahlend, stolz; ausgezeichnet.
mudarris, a. Professor, Lehrer.
muddat, a. Zeitraum, Zeit.
muhimmât, a. pl. Geschäfte.
muḥtâj, a. bedürfend, nöthig habend; mit *bi.*
mu'jiza, a. Wunder (Muhammeds).
mu'jiza-dâr, a. Wunderthäter.
muḳâbil, a. entgegengesetzt; *dar m. i,* gegenüber.
muḳarrar, a. fest, sicher, gewiss.
mulk, a. Königreich, Herrschaft.
munâdâ, a. Ausruf, Bekanntmachung; *m. kardan,* ausrufen.
munâẓirât, a. pl. Unterredungen.
murâd, a. erwünscht, beabsichtigt.
murda, todt; Todter; pl. *murdagân.*
murdan, pr. *mîram,* sterben.
murġ, Vogel.
musta'jil, a. eilig, in Eile.
mušk, Moschus.
muškil, a. schwierig, verwickelt.
mušrif, a. hervorragend, sichtbar.
muštarî, a. Käufer; der Planet Jupiter.
mutaḥayyar, a. verlegen.
mutanakkir-vâr, a. p. verkleidet.
muṭâla'a, a. Privatstudium, Lectüre.
muṭlaḳâ, a. vollständig, durchaus.
mûy u. *mû,* Haar.
mużâiḳat u. *mużâiḳa,* a. Abhaltung, Schwierigkeit.
muža, Augenwimper; pl. *mužagân.*

N.

na, nicht.
nâ, nicht; nein.
nâb, rein.
nabard, Krieg, Schlacht (vgl. *navard*).
nâ-bi-xirad, thöricht.

nâdira, a. Seltenheit; Seltenes, Vorzügliches.
nâdira-kâr, a. p. selten, vorzüglich, ausgezeichnet.
nâf, Nabel.
nafs, a. Seele.
nâ-gâh u. *nâ-gah*, unvorhergesehen, plötzlich.
nahâr, a. Tageslicht, Tag.
naḥviyya, a. (Grammatik) coll. Grammatiker.
nâib, a. Stellvertreter.
naḳd, a. Geld, Münze.
naḳš, a. Malerei; *n. bastan*, malen.
na'l, a. Schuh, Hufeisen.
nâla, Klang, Ton, Schall.
nâlîdan, wehklagen, seufzen.
nam, Feuchtigkeit, Thau.
nâm, Name.
nâma, Buch, Schrift; Brief.
namak, Salz; *namak-yâfta*, eingesalzen.
namâz, Ehrfurcht.
nâm-dâr, berühmt, vornehm.
nâ-murâd, p. a. unglücklich (Einer, dem Nichts gelingt).
nâm-var, edel, berühmt.
nân, Brod.
nâ-padîd, verborgen, unsichtbar.
nar u. *narr*, Mann; männlich.
nargis, Narcisse.
naṣb kardan, a. p. heften, fixiren, fest richten.
našâṭ, a. Heiterkeit, Wonne.
našâṭ-afzâ, a. p. Heiterkeit mehrend, erheiternd.
nav, neu.
nav', a. Art, Weise.
navâ, Gesang, Melodie; *xvaš-navâ*, schön singend; pl. *navâyân*.
nâvak, Pfeil.
navard, Verwirrung, Drehung.
-navard, verwickelnd, drehend, verwirrend.
navbat, a. Reihe (an der Reihe sein), franz. *le tour*.
nâxun, Nagel (an der Hand).
nâ-xirad-mand, thöricht; Thor.
nay, nicht (nur vor vocalisch anlautenden Verben).
nây, Rohrpfeife.
nâz, Schmeichelei; Annehmlichkeit.
nazd (i), bei, nahe bei.
nazdîk, nahe; *n. i*, bei, nahe bei.
naẓar, a. Ansicht, Schau; *n. kardan*, umherschauen.
naẓâra, a. Schauen, Ansehen.
nî, nicht; nein.
nidâ, a. Ruf, Anrufung.
nigâh u. *nigah*, Anblick; Aufsicht, Obhut; *n. kardan*, betrachten, beobachten; *n. dâštan*, behüten, beschützen; sich hüten; mit *az*.
nigâr, Bild; Geliebte, Liebchen.
nigarîdan u. *nigaristan*, pr. *nigaram*, blicken, ansehen, anblicken; mit *dar*.
nigîn, Siegel.
nigûn, umgekehrt.
nihâd, Natur, Naturell.
nihâdan, pr. *niham*, setzen, stellen, legen.
nihâl, Sprössling, Spross.
nihân, verborgen, heimlich; *n. kardan*, verbergen.
nîk, gut; wohl, sehr.
nîk-nâm, mit gutem Namen, berühmt.
nîkû u. *nikû*, gut; viel, sehr.
nîkuî u. *nikûî*, Gutes, Wohlthat.
nikû-kâr, Gutes stiftend.
nîkû-sîratî, p. a. Wohlgesittetheit, Anstand, Ehrbarkeit.
nîl, blau; *Nîl*, Nilstrom.
nîm, halb; Hälfte; Mitte.

Nîram, *Rustams* Urgrossvater.
nîst, es ist nicht.
nis̱âr, a. Ausstreuung, Vertheilung.
nis̈ân, Zeichen, Merkmal.
nis̈ândan, pr. *nis̈ânam*, setzen, sitzen lassen; *dar n.*, hinein legen.
nis̈astan, pr. *nis̈înam*, sitzen, sich setzen; verweilen.
niyâm, Scheide.
nîz, auch, ebenfalls.
nuhuft, Verborgenheit.
nuhuftan, pr. *nuhbanam* u. *nuhuftam*, verbergen; sich verbergen.
nuḳra, a. Silber.
numûdan, pr. *numâyam*, zeigen; scheinen.
nûr, a. Licht.
nûs̈idan, trinken.
nûs̈în, süss, lieblich.
nuvis̈tan, pr. *nuvîsam*, schreiben.
nuxust, zuerst.

P.

pâ u. *pây*, Fuss; *p. i*, nach.
padar, Vater.
padîd, offen, öffentlich; *p. âmadan*, erscheinen.
pâdis̈âh, Herrscher, König.
pagâh, Morgenschimmer, Morgendämmerung.
pahan, breit, eben.
pahlav, Seite.
pahlavân, Held.
pâk, rein, nett.
pâkî, Reinheit.
pâlûdan u. *pâlâyîdan*, pr. *pâlâyam*, durchseihen, filtriren, reinigen.
panâh, Zuflucht, Schutz; *p. âvardan*, u. *p. burdan*, zu Jemand fliehen; mit *bi*.
pand, Meinung, Rath, Ermahnung.
pandâs̈tan, pr. *pandâram*, meinen, glauben.
panj, fünf.
panjâh, funfzig.
par u. *parr*, Feder; Flügel.
Pâras, Persien.
parda, Schleier, Vorhang.
Parî, (eig. geflügelt) guter Geist, Fee (Peri).
parîdan u. *parrîdan*, fliegen.
Parvard-gâr, (Erhalter) Beiname Gottes.
pas, hinter, rückwärts; nachher, ferner, dann, darauf; nach; *pas az*, nach, hinter.
pasîjîdan, streben, sich bestreben, suchen.
pastân, niedrig, gering.
pâsux, Antwort.
pâs̈îdan, ausgiessen, streuen, säen.
pas̈m, Wolle, Pelz.
pas̈m-pûs̈, in Wolle (Pelz) gekleidet.
paxs̈, Stampfen mit dem Fusse.
pây u. *pay*, Fuss, Bein.
payâda, zu Fuss gehend.
payam-bar (= *payġam-bar*), Prophet.
paygar, Gesicht, Antlitz; Gestalt, Statur; Bild.
payġâm, Botschaft.
payġam-bar, (eig. Botschafter) Prophet.
payġâra, Tadel.
paykâr, Krieg.
-paymâ, messend, wägend.
paymûdan, pr. *paymâyam*, messen.
payvand, Verbindung, Band.
pazîra s̈udan, entgegengehen.
pîcîdan, drehen.
pîkân, Stachel, Dorn.

pîl, Elephant.
pinhân, verborgen; *p. kardan*, verbergen; *p. šudan*, sich verbergen; mit *pîš* (bei Jemand).
pîr, alt; Greis.
pisandîdan, gern haben (engl. *to like*); *bihtar p.*, lieber haben, vorziehen.
pistar, Kissen, Polster.
pîš u. *piš*, voran; früher; mehr (auch Compar. *pîštar*); *p. i*, vor, bei, zu; *dar p.*, vorwärts.
pîšânî, Stirn.
pîšîna, früher, älter, eher.
pîš - rav, (Vorläufer) Führer; Vortrab.
pižûhîdan, aufsuchen, nachspüren.
pûl, Geld.
pur, voll; mit und ohne *az (zi)*.
pursîdan, fragen; fordern; mit *az* u. dem Acc.
pursiš, Frage.
pusar, Knabe.
pûšîdan, bedecken, verbergen; ankleiden, anziehen.
pûšiš, Kleidung.
pušt, Rücken.

R.

râ, Zeichen des Accusativs u. Dativs.
radd, a. Erwiderung, Antwort.
rafâkat, a. Freundschaft, Genossenschaft.
rafîk, a. Freund, Genosse.
raftan, pr. *ravam*, gehen; kommen.
raftâr, Gang.
rag, Ader.
râh u. *rah*, Weg, Strasse; Gang; Reise; Mal; adv. weg; *r. kardan*, reisen, gehen.
rahâ, Entrinnen, Befreiung; *r. kardan*, entlassen.
rahânîdan, befreien.
rah-navard, vom Wege verirrt.
rah-numâ u. *rah-numây*, Wegweiser, Führer.
rahmat, a. Barmherzigkeit, Gnade.
ramîdan, fliehen.
rândan, pr. *rânam*, ziehen, treiben, führen.
rang, Farbe.
rangî, farbig, bunt.
ranj, Schmerz; Krankheit.
rasânîdan, gelangen lassen, bringen.
rasîdan, kommen, gelangen, gehen; *bi ham r.*, zusammen kommen.
rasm, a. Sitte, Regel, Gesetz.
râst, recht, gerade, wahr; gerade aus.
râstî, Recht, Billigkeit.
rasûl, a. Gesandter.
ravam, v. *raftan*.
ravân, gehend, laufend, fliessend; Seele.
ravâna, gehend; sich begebend, geschehend.
raxna, Riss, Bruch.
Raxš, *Rustams* Schlachtross; daher überh.: ein edles Ross.
raxšîdan, blitzen, glänzen, leuchten.
raxt, Gepäck, Geräth.
raxt-basta, bepackt, reisefertig.
ra'y, a. Meinung, Rath; Wille, Wunsch.
Rây u. *Ray*, Titel indischer Könige.
razm, Kampf.
razm-gâh, Kampfplatz.
râžî, a. zufrieden, einverstanden.
ridâ, a. Oberkleid, Mantel; Shawl.

rîš, Bart.
rîxtan, pr. *rîzam*, giessen, vergiessen.
rû u. *rûy*, Gesicht, Antlitz; Oberfläche; *r. âvardan*, das Gesicht wenden, wohin gelangen.
rubâʿî, a. Tetrastichon, aus vier Versen bestehendes Gedicht.
rubûdan, pr. *rubâyam*, rauben, stehlen.
rûd, Fluss.
rûd-bâr, Fluss, Strom.
rûîna, ehern.
rû-kašîda, abgenützt.
Rûm, (eig. Rom) das römische Reich; Griechenland; eine Landschaft in Kleinasien.
Rûmî (pl. *Rûmiyân*), Bewohner des röm. Reiches; Grieche; griechisch.
Rustam, ein mythischer Held in *Îrân*.
rust-xîz, Aufstehen.
rûšan, hell, klar, leuchtend; berühmt.
rûšanây, Helligkeit, Glanz, Licht.
rûšanî, Licht, Helligkeit.
rux, Wange.
rux-sâra, Wange.
rûy, Gesicht; Art, Weise.
rûya, Reihe.
rûz, Tag; *rûz-î*, eines Tages.
rûz-gâr, Zeit, Zeitraum; Glück.
rûzî, (täglicher) Lebensunterhalt.
rûzî-dih, ernährend (Epith. Gottes).

S.

saʿâdat, a. Glückseligkeit.
saʿâdat-mand, a. p. beglückt, glücklich.
sâʿat, a. Stunde; Zeitabschnitt; *sâʿat-î*, einige Zeit, ein Weilchen.
sabab, a. Grund, Ursache; *bi s. i* u. *az s. i*, wegen.
sabuk, schnell.
sâda, einfach, aufrichtig.
sag, Hund; pl. *sagân*.
sâḥir, a. Zauberer; bezaubernd.
sâḳ, a. Schenkel, Bein.
sâḳî, a. Mundschenk.
sâl, Jahr.
salâm, a. (Friede) Gruss; *s. guftan*, grüssen.
sâlâr, Fürst, Herrscher.
salîḳa, a. Ansicht, Geschmack.
Sâm, *Rustams* Grossvater.
saman, Jasmin.
samand, dunkelbraun (v. Pferden).
sân, Art, Weise; *bar s. i*, wie; *ci s.*, wie?
sang, Stein.
sar, Haupt, Kopf, Spitze, Ende (pl. *sarhâ*); Oberster, Häuptling, Anführer (pl. *sarân*).
sarây, Palast, Haus.
-sarây, singend.
sarâyîdan, singen.
sar-firâzî, Höhe, hohe Stellung, Würde.
sar-kaš, trotzig, kühn.
sar-nigûn, den Kopf senkend, hinsinkend.
sarv, a. Cypresse.
sâxtan, pr. *sâzam*, machen, vollbringen.
sâz, Thun; Werkzeug; *sâz kardan*, thun, ausführen.
sazâ-vâr, geeignet, passend, ziemend.
si, drei; *si bâr*, drei mal.
sî, dreissig.
sifîd u. *sipîd*, weiss.

siḥr, a. Zauber, Zauberei.
Sikandar u. *Iskandar*, Alexander der Grosse.
sîm, Silber.
sîmâ, a. Art, Gestalt.
sîm-âb, Quecksilber.
sîmîn u. *sîmîna*, silbern; Silberzeug.
sîna, Brust.
sipâh u. *sipah*, Soldat; coll. Soldaten, Krieger.
sipâhî, Soldatenstand, Heer, Militär.
sipîd, weiss.
sipirdan, pr. *sipiram*, treten.
sipurdan, pr. *sipâram*, übergeben.
sîr, satt, überdrüssig.
sîr-âb, voll Wasser, mit Wasser gesättigt.
sîrat, a. Sitte, Lebensart.
sitâdan u. *sitadan*, pr. *sitânam*, nehmen, aufheben.
sitâm, Pferdegeschirr, Schmuck.
sitâra, Stern, Gestirn.
sitûdan, pr. *sitâyam*, preisen, loben.
sivum, der dritte.
siyâh, schwarz; *s. i śahlâ*, dunkelgrau.
siyâhî, Schwärze, Dunkelheit.
siyâsat, a. Zwangsmassregel.
sû u. *sûy*, Seite, Richtung; *sû i* u. *sûy i*, zu, hin zu, nach.
suâl, a. Frage; *s. kardan*, fragen.
sûd, Gewinn, Profit; *s. kardan*, gewinnen, profitiren.
sûdan, pr. *sâyam*, reiben, drücken, berühren.
sufra, a. Tisch (Platte von Holz oder Leder, auf der beim Essen die Speisen stehen); Mahlzeit.
Sulaymân, a. sechster umayyadischer Chalif.
sum u. *summ*, Huf.
sunbul, Hyacinthe.
surx, roth.
Suryânî, syrisch.
sust, locker, lose.
suvâr, beritten; Reiter; *s. śudan*, zu Pferde steigen.
suvâra, zu Pferde, reitend.
suvârî, Reiterei, Reiter; Ritt, Reiten.
suxan, Wort; Nachricht; *s. rândan*, reden, anreden; erzählen.
sûxtan, pr. *sûzum*, verbrennen.
sûy, Seite; *s. i*, zu, hin zu, nach.

Ṣ.

ṣabâ, a. Südostwind.
ṣabî, a. Knabe, Jüngling.
ṣabr, a. Geduld; *ṣ. kardan*, sich geduldigen, abwarten.
ṣad, hundert.
ṣadâ, a. Echo, Widerhall.
ṣaff, a. Reihe; *ṣ. bastan*, in Reihen sitzen.
ṣâḥib, a. Herr.
ṣaḥrâ, a. Feld, weite Ebene; Wüste.
ṣalâḥ, a. die rechte, vernünftige Weise.
ṣubḥ, a. Morgen; früh morgens.
ṣubḥ-gâh, a. p. Morgenzeit; des Morgens.
ṣûrat, a. Form, Gestalt, Bild; Art, Weise.
ṣûrat-bîn, a.p. Gestalten sehend.

S̤.

s̤aman, a. Preis.

š.

šab, Nacht.
šâd-mân, fröhlich.
šafaḳat, a. Gnade, Güte.
šâgird, Schüler.
šâh u. šah, König.
šah-par, Schwungfeder, Flügel.
šahr, Stadt.
šahr-yâr, König, Herrscher.
šahr-yârî, königlich.
šâh-vâr, königlich, prächtig.
šâh-zâda, Prinz, Prinzessin.
šakar, Zucker.
šakîl, a. gestaltet, geformt; schön geformt.
šâkir, a. dankbar; mit az.
šakk (šak), a. Zweifel; š. dâštan u. š. kardan, zweifeln.
šakl, a. Form, Gestalt.
šalvâr, Hose.
šâm, Abend.
Šâm, a. Syrien; Damaskus.
šamâil, a. pl. fr. (v. šamîla), Eigenschaften.
šamšâd, Buchsbaum.
šamšîr, Schwert.
šâna, Schulter.
šarâb, a. Trank; Wein.
šarbat, a. Trank, Getränk.
šarîf, a. edel.
šarîk, a. Genosse, Compagnon.
šarm, Scham, Schande; š. dâštan, sich schämen.
šarṭ, a. Satzung, Gesetz; š. kardan, festsetzen, bestimmen.
šaṣt, sechzig.
šav u. šavam, v. šudan.
šâx, Spross, Zweig; Abstammung.
šay, a. Sache, Ding, Angelegenheit.
šâyad, es ist möglich, man darf; adv. vielleicht.
šâyistan, möglich, erlaubt sein;

pr. šâyad, man darf; mit d. abgek. Infinitiv.
šikaft, Spalt.
šikâftan u. šikaftan, pr. šikâfam, spalten.
šikam, Bauch.
šikâr, Jagd; Jagdbeute.
šikastan, pr. šikanam, brechen, auflösen.
šikâyat, a. Klage; š. kardan, sich beklagen.
šikift, Wunder; Verwunderung, Schrecken.
šinâxtan, pr. šinâsam, kennen, verstehen; erkennen.
šinîdan u. šinûdan, pr. šinuvam, hören.
šîr, Löwe; Milch.
šîrîn, süss, lieblich.
šiš, sechs.
šitâb, Eile, Hast.
šitâbanda, eilend, schnell laufend.
šitâftan, pr. šitâbam, eilen; beschleunigen; bar š., hin eilen.
šudan, pr. šavam, werden, geschehen; gelangen, kommen.
šuǵl, a. Geschäft, Beschäftigung.
šukûfa, Blüthe, Blume.
šukuftan, pr. šukîbam u. šukuftam, blühen, erblühen.
šumâ, ihr (pl.).
šumâr u. šumâra, Zahl.
šûr, Verwirrung, Trübung; Trübsal.
šûr-âba, wie trübes Wasser.
šûr-âbagî, (abstr. Subst. vom vorigen Adj. gebildet) Trübheit.
šustan, pr. šûyam, waschen.
šutur, Kameel.

T.

tâ, bis, bis zu; bis dass; auf dass, damit; bei Zahlwörtern pleonastisch; *tâ bi*, bis zu.
ta'ajjub, a. Verwunderung, Bewunderung; *t. kardan*, bewundern.
tâb, Glanz.
tâbam, v. *tâftan* o. *tâbîdan*.
tâbîdan, leuchten.
ta'bîr, a. Auslegung, Erklärung.
tâb-nâk, glänzend, leuchtend.
tâbût, Bahre.
tadbîr, a. Rath; *t. kardan*, sich berathen.
tadrîj, a. Grad, Stufe; *bi t.*, nach und nach.
tadrîs, a. Unterrichten, Vorlesen; Professur.
taf, Hitze.
tafaḥḥuṣ, a. Nachforschung; *t. numûdan*, nachforschen.
tafâvut, a. Unterschied.
tâftan, pr. *tâbam*, leuchten, erglänzen; beugen, winden.
Tahamtan, Beiname *Rustams* (der Tapfere).
taḥṣîl, a. Aneignung, Studium.
tâj, Krone.
tajammil, a. Schönheit, Schmuck.
tâj-baxš, Kronenvertheiler (Beiname *Rustams*).
tâj-dâr, Kronenträger, König.
ta'jîl, a. Eile, Hast.
tâjir, a. Kaufmann, Handelsmann.
tak, schnell.
takrâr, a. Wiederholung; *t. numûdan*, wiederholen.
taḳrîr, a. Vortrag; Bekräftigung.
talâfî, a. Wiederherstellung, Ausbesserung; *t. numûdan*, wieder herstellen, verbessern.
talâmîẓ, a. pl. fr. (v. *tilmîẓ*) Schüler.
tamâm, a. vollkommen; völlig.
tamhîd, a. Ausweg.
tan, Körper, Leib.
tang, eng, schmal; *bi t. âmadan*, in die Enge kommen.
tanhâ, allein; *bi t.*, dasselbe.
târ, Pinsel.
taraddud, a. Hin- und Hergehen, Zaudern, Unruhe.
tarâxî, Seltenheit, Spärlichkeit.
ta'rîf, a. Beschreibung.
târîk, dunkel, finster.
târîkî, Finsterniss.
ta'rîx, a. Chronik, Geschichte.
tark, a. Entlassung, Verlassen.
tarkîb, a. Zusammensetzung, Bau.
tars, Furcht.
tarsânîdan, erschrecken, fürchten machen; mit *az*.
tarsîdan, fürchten, sich fürchten; mit *az (zi)*.
taslîm, a. Uebergabe; *t. kardan*, übergeben.
taṣavvur, a. Einbildung.
tavajjuh, a. Richtung; Aufmerksamkeit.
taxt, Thron.
tâza, frisch, neu.
Tâzî, arabisch.
tâzîdan, umherschweifen.
tâz kardan, drehen, biegen.
ta'ẓîm, a. Grösse, Ehre.
tîġ, Schwert.
tihî, leer; *tihî-dast*, mit leerer Hand, d. i. arm.
tilmîẓ, a. Schüler.
tîr, Pfeil.
tîra, trübe, dunkel.
tîragî, Finsterniss.
tišna, durstig; pl. *tišnagân*.

tîz, scharf, spitz; schnell.
tîzî, Schärfe.
tîz-raftâr, schnell gehend, laufend.
tu, du.
tûmân, eine Goldmünze, ungef. 3⅓ Thaler werth.
Turk, Türke; türkisch.
Turkmânî, turkmanisch.
Turk-tâzî, (eig. Türkenzug) Streifzug, Ausflug.
tûša, Proviant, Vorrath.
tuvân, möglich; man kann.
tuvânâ, vermögend, stark.
tuvânistan, pr. *tuvânam*, können; mit d. abg. Infinitiv.

Ṭ.

ṭabîb, a. Arzt.
ṭabla, a. Tafel, Platte, Teller.
ṭâḳat, a. Gewalt; *ṭ. âvardan*, bewältigen, ertragen.
ṭalab, a. Nachforschung, Suchen.
ṭalabîdan, a. p. nachforschen, suchen.
ṭâlib, a. suchend, forschend.
ṭâmât, a. pl. unnütze Worte.
ṭa'n, a. Verleumdung, Beschimpfung.
Ṭanjṭâx, ein türkischer Sultan.
ṭaraf, a. Seite, Gegend; Theil.
ṭarf, a. Spitze, Ecke.
ṭavîla, a. Stall.
ṭavḳ, a. Kette, Halsband.
Ṭay, a. Name eines arabischen Stammes.
ṭayy, a. Zusammenrollung; *ṭ. kardan*, zusammen rollen, zusammen falten.
ṭîb, a. wohlriechende Substanz, Parfüm.
ṭullâb, a. pl. fr. (v. *ṭâlib*) Studirende, Studenten.
ṭulû', a. Aufgang, Anbruch (des Tages).
ṭurra, a. Stirnlöckchen, krauses Haar um die Stirn.

U.

u, und.
û, er, sie, es.
uftâdan, pr. *uftam*, fallen; sich ereignen, geschehen; *dar u.*, hinein fallen.
'ujjâb, a. wunderbar.
'ulûm, a. pl. fr. (v. *'ilm*) Wissenschaften.
umîd, Hoffnung.
'unḳ, a. Hals.
ustâd, Meister.
uštur u. *šutur*, Kameel.

V.

va u. *v'*, a. und; *va — va*, sowohl — als auch.
vadî'at, a. Niederlage, Waarenvorrath.
vafâ, a. Treue.
vaḥdat, a. Einheit.
vajab, Spanne.
vajh, a. Gesicht; Art, Weise, Sorte; fig. Geld; *v. i naḳd*, baares Geld.
vâjib, a. nothwendig.
vaḳf, a. Pause, Abschnitt.
vaḳt, a. Zeit.
valî, aber, jedoch.
va-'llâh, a. bei Gott, wahrlich; mit folg. *ki*.
vasî', a. weit, breit.
vasîlat, a. Mittel.
vay, er, sie, es.
vazn, a. Gewicht, Last.

vîža, bekannt, klar, offenbar; *bi v. ki*, fürwahr.

vuḳûf, a. Kenntniss, Gewissheit.

vurûd, a. Wasser holen.

X.

xabar, a. Nachricht, Kenntniss.

xabar-dâr, a. p. kundig; *x. kardan*, benachrichtigen.

xabs, a. Bosheit.

xâdim, a. Diener.

xâk, Erde, Staub; *tîra x.*, irdischer Leib.

xâkistar, Asche.

Xâḳâni, persischer Odendichter.

xalal, a. Schaden, Verletzung.

xalâs, a. Freiheit, Befreiung; *x. šudan*, frei werden.

xâliṣ, a. rein, ächt.

xalḳ, a. (eig. Schöpfung) coll. Leute, Volk.

xam, krumm; *x. kardan*, beugen, krümmen.

xâna, Haus.

xanbîdan, erscheinen.

xandîdan, lachen.

xang, Schimmel, weisses Pferd.

xanjar, breites Dolchmesser (Handschar).

xar, Esel.

xâr, Dorn; Distel.

xârâ, Unland, Dornenland, wüstes Feld.

xarâb, a. wüst, verwüstet.

xâr-bun, Dornbusch; Brombeerstrauch.

xasîs, a. niedrig, gemein.

xâstan, pr. *xîzam*, aufstehen; entstehen; *bar x.*, dasselbe.

xaṣm, a. Gegner, Feind.

xâṣṣ, a. eigenthümlich, eigen.

xâš, Krieg; *xâš-jûy*, Krieg suchend, kriegerisch.

xâšâk, Gestrüpp.

xatm, a. versiegelt; geschlossen, abgemacht.

xâṭir, a. Seele.

xavâṣṣ, a. pl. fr. (v. *xâṣṣa*) Eigenschaften, Eigenthum, Besitz; Alles was um die Person des Königs ist.

xayâl, a. Bild; Einbildung, Einbildungskraft.

xaylî, viel; adv. sehr.

xayrat, a. Gutes, Heil, Glück.

xaz, eig. *xazz*, a. Seide.

xidmat, a. Dienst; Gottesdienst; *x. rasîdan*, zu Diensten sein, die Aufwartung machen.

xidmat-kâr, a. p. Bedienter, Diener.

xilâfat, a. Chalifat; Nachfolgerschaft (Muhammeds).

xil'at, a. Ehrenkleid.

xir, Nebel, Gewölk.

xîra, verwundert, erschrocken.

xirad, Klugheit, Weisheit, Verstand.

xirad-mand, klug, weise.

-xirâm, einherschreitend.

xirâmîdan, einherstolziren, schreiten.

xirâšîdan, kratzen, aufkratzen.

xir-gâh, Himmelsgewölbe, Himmel.

xirîd, Kauf, Kaufen.

xirîdan, kaufen.

xirman, Garbe, Bund, Bündel.

xišm, Unwille, Zorn; *x. âvardan*, zürnen.

xiṭâb, a. Anrede.

xîzam, v. *xâstan*.

Xiżr, a. ein Prophet und Hüter der Lebensquelle (Chidher).

Xiżrâ-xirâm, a. p. wie *Xiżr* einherschreitend.

Xiżr-sîmâ, a. dem *Xiżr* ähnlich.

xûb, schön; der, die Schöne; adv. wohl, gut.
xûb-ṣûrat, p. a. schön gestaltet, schön.
Xudâ, Gott.
xufta, schlafend.
xuftan, pr. *xvâbam*, schlafen.
xujasta, günstig, glücklich.
Xuld, a. (Ewigkeit) Paradies.
xûn, Blut.
xurâfat, a. Scherzrede; pl. *xurâfât*.
xurram, froh, heiter; lieblich.
xurûśîdan, lärmen.
Xusrav, (Chosru) Name mehrerer persischer Könige aus dem Stamme der *Sâsâniden*; übertr.: König, Herrscher.
Xusravî u. *Xusravâna*, dem *Xusrav* ähnlich; königlich, prächtig.
xûśa, Aehre.
xuśk, trocken.
xvâb, Schlaf; Traum; *x. kardan*, schlafen; *dar x. raftan*, in Schlaf fallen.
xvad, (ich, du, er) selbst; eigen.
xvâham, v. *xvâstan*.
xvândan, pr. *xvânam*, rufen, anrufen, nennen, ernennen; reden, erzählen; lesen; *bar x.*, überlesen, durchlesen.
xvard, Speise, Essen.
xvardan, pr. *xvaram*, essen, geniessen; schlucken, trinken; *bar x.*, geniessen, Theil haben.
xvarśîd, Sonne.
xvâstan, pr. *xvâham*, wollen, wünschen, verlangen; mit d. abg. Infinitiv.
xvaś, schön, angenehm; adv. wohl; *x. âmadan*, gefallen, mit *az* der Sache u. *râ* o. *bi* der Person.
xvaś-bûy, wohlriechend; Wohlgeruch, Specerei.
xvaś-guvâr, angenehm, lieblich.
xvaś-rag, von edlem Blute.
xvîś, Verwandter.
xvîś u. *xvîśtan*, (ich, du, er) selbst; eigen.

Y.

yâ, oder.
yâ, a. o, ach; *yâ ḥayy*, ach auf, wohlan!
yâbam, v. *yâftan*.
yâd, Erinnerung; *y. dâdan*, erinnern, mit *az*.
yâftan, pr. *yâbam*, finden, erreichen; erhalten, bekommen; *dar y.*, erreichen, fassen.
yak, ein; *yak-î*, Einer.
yak-dam, (einen Athemzug) adv. einen Augenblick.
yak-dîgar (-digar), einander.
yak-sar, zugleich, zusammen, gänzlich.
yaḳîn, a. gewiss.
yâl, Hals, Nacken.
ya'nî, a. das heisst, nämlich.
yâr, Freund; Freundin, Geliebte.
yâristan, pr. *yâram*, können, vermögen; wagen; mit dem abg. o. vollst. Infinitiv.
Yazdân, Gott.
Yazdjard, Name einiger persischer Könige aus dem Stamme der *Sâsâniden*.
yâzîdan, recken, die Hand ausstrecken; mit *bi*.
yumkinî, a. p. Möglichkeit.
Yûsuf, a. Joseph, Jacobs Sohn.

Z.

z' = *zi*.
zabar (= *az bar*), oberhalb; *z. i*, auf, über.
zabûn, schwach, hinfällig.
zâda, Kind, Sohn.
zadan, pr. *zanam*, schlagen, treffen; *bar z.*, erheben, aufschlagen.
zâdan, pr. *zâyam*, erzeugen, gebären; geboren werden.
zahra, Galle; Muth, Kühnheit.
zaḥmat, a. Beschwerde, Mühe.
Zalîxâ, (Suleicha) die Tochter eines mauretanischen Königs.
zamân, *zaman* u. *zamâna*, Zeit; *zamân-î*, einige Zeit (lang).
zamîn, Erde, Boden.
zan, Frau, Weib.
zanam, v. *zadan*.
zânû, Knie.
zar u. *zarr*, Gold.
zard, bleich, gelb.
zarîn u. *zarrîn*, golden.
zar-kaš, golddurchwirkt.
zar-nigâr, goldähnlich, vergoldet.
zaxm, Wunde, Stich, Schlag.
zaxm - sitân, verwundende Eigenschaft, verwundende Theile (einer Pflanze).
zâyanda, Vater, Erzeuger.
zi u. *z'* (= *az*), aus, von, vor.
zîna, a. Schmuck.
zinda, lebend, lebendig.
zindagî u. *zindagânî*, Leben.
zindân, Kerker, Gefängniss.
zinhâr, Schutz, Vorsicht.
zîr, unterhalb; unter; *(bi) z. i*, unter.
zîrak, geistreich, gescheidt, gewandt.
ziyâd u. *ziyâda*, viel, gross; zu gross, zu viel.
zubân, Zunge, Sprache.
zûd, schnell, rasch; bald.
zûdî, Schnelligkeit; Bälde.
zuhd, a. Enthaltsamkeit.
zulâl, a. rein, hell; reines Wasser.
zulf, Locke; arab. Dual: *zulfayn*, beide Locken.
zûr, Kraft, Gewalt.

Ẓ.

ẓimma, a. Schutz, Clientel.

Z̤.

z̤âhir, a. offenbar; wahrscheinlich.
z̤ulmât, a. pl. Finsterniss; das Land der Finsterniss (v. *z̤ulma*).

Ż.

żarbat, a. Syrup, Zuckersaft.
żarûr, a. nöthig, nothwendig.

Berichtigungen.

Seite	8	Zeile	4	*z̤a* l. *z̤â*.
„	32	„	9	*Kur'ân* l. *Ḳur'ân*.
„	43	„	33	ist das Metrum *Xafîf* zu lesen:
				– ◡ – – | ◡ – ◡ – | ◡◡ –
„	44	„	2	das Metrum *Munsariḥ*:
				– ◡ ◡ – | – ◡ – ◡ | – ◡ ◡ – | –
„	50	„	3	*har-ci* l. *har, ci*.
„	51	„	26	*jam* l. *jam'*.
„	54	„	1	*mu âmala* l. *mu'âmala*.
„	54	„	14	*tafâut* l. *tafâvut*.
„	63	„	16	*Mas̤navi* l. *Mas̤navî*.
„	64	„	5	*jam'-i* l. *jam'-î*.
„	68	„	6	*dar ham* l. *dar-ham*.
„	70	„	20	dessen l. deren.
„	74	„	9	*Munâdî* l. *Munâdà*.
„	74	„	36	*'Utârid* l. *'Uṭârid*.
„	74	„	37	sind die Worte „oder *Mirrîx*“ zu streichen und S. 75 Z. 17 hinter „*Bahrâm*“ zu setzen.
„	75	„	15	*Zuhra* l. *Zuhara*.
„	80	„	3	*cunî* l. *kunî*.
„	87	„	5	*Kanûn* l. *Kunûn*.

Elbing, Druck der Neumann-Hartmann'schen Buchdruckerei.
(G. Felsner.)